強運を招く「気」のスーパーパワー

人間関係・仕事・お金・健康…驚異の力で人生を変える!

早島天來 著
Tenrai Hayashima
早島妙聴 監修
Myocho Hayashima

廣済堂出版

強運を招く「気」のスーパーパワー

はじめに

この世に存在するすべてのもののうち、最も根源的なものは、「気」と呼ばれるエネルギーだ。

「気」は宇宙の隅々にまで満ち満ちている。森の木にも「気」があれば、花にも小鳥にも、道端にころがる小石にも「気」が満ちている。

人間もこの宇宙の大自然の一要素にすぎず、人間の根源となっている力も、この「気」なのである。

「気」をいっぱいに受けながら、「気」の流れに逆らわずに生きていけば、人は苦しみや悩みから解放される。病気にもなりにくくなり、文字どおり元気な一生を送ることができる。

それどころか「気」の流れがよくなると、人の流れ、金の流れもよくなり、思うように人生を展開していくこともできるようになる。

つまり、「気」はある種のスーパーパワーで、超エネルギーの一種だと言える。

そのため、21世紀の最先端技術としては、「気」は最も重要なものになると言われているわけだ。

こういう話をすると、「気」の正体はいったい何なのですか？　という質問を受けることがある。なにしろ「気」とは、目には見えないし、触れることもできない。「それ、このとおり」と目の前に出して見せることができないのだ。

現代の科学は、だんだんに「気」を、電磁エネルギーなどというような形に変え、ある種の力が働いていることを証明しつつある。

しかし、科学的な方向から「気」を証明することも必要かもしれないが、私はそんなことよりも、まずは「気」を実感してほしいと思う。

実は、私が「気」について話をすると、

「いいかげんなことを言って、人の心をたくみに操作しようとしているのではないか」と、眉《まゆ》につばをつける人も少なくない。

そんな人は、この本をこの場で投げ出してもらって少しもかまわない。

「気」について理解しようとしない固い頭の持ち主は、もともと「気」の流れがきわめて悪いのである。

もちろんそういう人でも、「気」について理解しようという姿勢を持てば、しだいに頭が柔らかくなり、「気」の流れも改善され、人生がいい方向に向かうようになるのだが……。

「気」とは、誰の体の中にも宿っている、われわれが生まれながらに持っている根源的な力である。「気」を持っているのは人間だけではない。この世のありとあらゆるものに、「気」は宿っているのだ。

言わば、この宇宙や大自然に満ちている、言うに言われぬパワー、それが「気」だと言い換えることもできるだろう。

はるかな昔、人がまだ大自然の中で動物や植物と共存していたころは、人はこの「気」を素直に感じ取り、ときには宇宙に満ちた「気」を取り込んで暮らしていた。

「気力が満ちている」という表現は、今でもよく使われる。やる気に満ちて意欲的に取り組んだときと、なんとなく気が進まず、いやいややったときの違いを体験している人は、少なくないはずだ。

やる気に満ちて、気力が充実しているときは、ものごとが自分の予想以上にとんとん拍子でうまくいく。仕事に追われて気が張っていれば、疲れも感じず、病気にもならない。不思議なことに、そういう人のまわりには、いつも協力者があらわれ、仕事がうまく進んでいく。

反対に、気が進まないままに仕事をやっていると、思わぬ事故を起こしたり、とんでもないミスをしたりする。こういう現象をよく、「気がゆるんだ」と表現するが、気学から言えば、これは「気」が停滞してよどみ、邪気に変わってしまったために起こった現象なのである。

「気」は人体を活性化し、精神活動も活発にする。心身ともに力が満ちてくるのだから、「気」を強めていけば、仕事も恋も健康も必ずうまくいくようになる。元気という言葉があるが、人がもともと持っている「気」の力がよければ元気がよい、というところから、この言葉が生まれたのである。

「気」の仕組みを知り、「気」を充実させていくことができるようになれば、失敗を未然に防ぎ、病気を予防し、自分に力を貸してくれる人を身辺に引きつけていくことができる。

それどころか、「気」は運を連れてくると言われ、運まで味方にすることができるようになるのである。

日々、人生の競争にさらされて、好むと好まざるとを問わず、その競争に打ち勝っていかなければならない現代人こそ、「気」を味方にする方法を身につけることが必要なのだ。

「気」を充実させる方法を知っているかどうかで、人生は天と地ほど変わってくる。いわゆる成功者というのは、無意識のうちに、「気」の理論に見合った生き方をしている人なのである。

この本が、一人でも多くの人にとって、「気」の意味を理解し、充実した人生を送るために役立てば、これ以上の幸いはない。

早島天來

強運を招く「気」のスーパーパワー　目次

第三章　「気」がビジネスを左右する――89

第一章

「気」の超能力を教えよう

「気」がどんどん「運」を連れてくる

「気」は風と似ている。風は、見ることも手に取ることもできないし、香りも味もない。強く吹けば音は聞くことができるが、音はすれども姿は見えず、である。

しかし「気」は、風のように天地自然の現象であるばかりでなく、人間にも内在する。だから、「気」とはこういうものである、と一定の説明をすることは不可能なのだ。

たとえば、山にのぼり、野を駆けて外「気」を浴びる。このとき存在するのは、外から受ける「気」だけではない。山へ行こうという意欲、つまりやる「気」も自分の内に湧《わ》いているのだ。

内にある「気」は一定しないもので、「今日は山へ行くつもりだったが、やめた」と気が変わったりする。

かと思うと、そうした本人の「気」は、いっしょに山へ行こうと誘い合っていた友人には、すぐ伝わるもので、何も言わないうちから「おまえ、サボっちゃダメだぞ」

と言われたりする。以心伝心、「気」は伝達されるものでもある。

野球やバレーボールなど団体競技を観ていると、試合に負けて一人が泣くと、みんなが涙を流す。

これも「気」が伝わるからだ。仲間としての「気」と、敗れた悔しさ、悲しさの「気」とがごちゃまぜになって、同じイメージで心に残る。そして、何年、いや、何十年たっても、同じメンバーが集まると、「あれに勝てたら、優勝だった」と、連帯の意識をなつかしんだりするのだ。

また、個々の人の「気」には、落ち込んだ「気」もあれば、浮かれてくる「気」もある。「気」は、質量、形あるいは色調に似た濃淡、そして大小など、百面相のような変幻ぶりを見せる。陰陽、強弱、大小、濃淡、軽重、柔剛、開閉……、「気」には比較語すべてが当てはまると考えていいだろう。

さらに、「気」は「運」とも連動している。

「気」が高揚《こうよう》しているときには、勉強や仕事もスムーズにいくため、その結果、「ついていた」ということになる。「気」の流れがスムーズで、全身に満ちあふれていれば、自然と仕事の流れも見えてくる。だから自信を持って行動でき、上々の結果を得ることができるのだ。

「気」も「運」も自分が作り出し、呼び込むものである。それが自分で期待していた以上の成果を上げることも多い。なぜそうなるかと言えば、自分で作り出した「気」が「運」をいっしょに連れてきたからなのだ。

だとしたら、賭け事やクジ引きで、連敗している人が「当てたい」と思って、連勝している人の手に乗るというように、その場の「気」の流れを見て、気力のあふれた人を仲間に引き入れるのも、強運を呼ぶ一つの方法である。

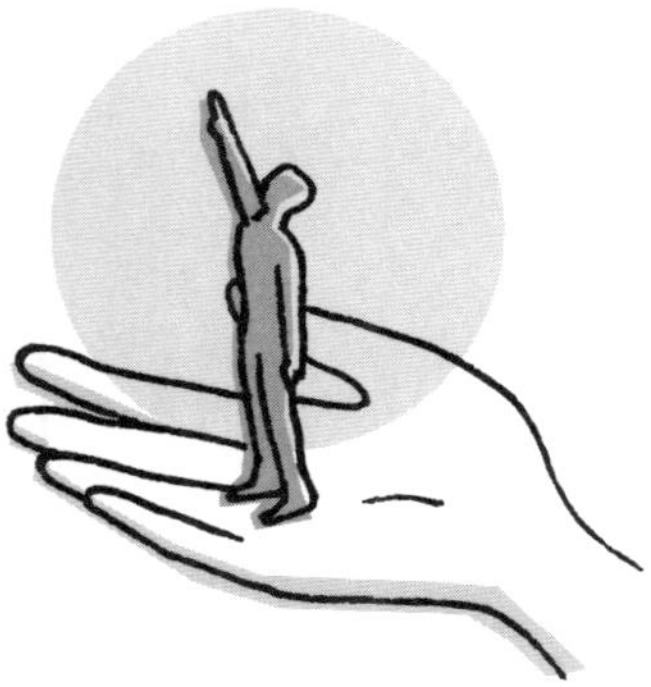

驚くべき「気」の透視力

元東京工業大学教授・関英男氏は、「一つの道を極めた人には、〝大いなる念波の作用〟があるようだ」と言っている。

その一例として、一九二〇年に亡くなった山崎辨栄上人《べんねいしょうにん》という高僧のことを挙げているので、紹介したい。

一人の信者がこの上人のところを訪れ、自然科学の用語辞典を差し上げた。すると、辨栄上人は、分厚い本の背を左手で持ち、反対の腹のところに右手の親指を当て、スーッと指でページを弾《はじ》くようにした。

その様子を見て不思議に思った信者が、「何をなさったのですか」とたずねると、上人は、「はい。みんなわかりました」とおっしゃった。驚いた信者は、あちらこちらとページをめくって、いくつかの用語の意味を聞いてみると、なんと、本当に辞典どおりに答えられたということだ。

関英男氏は、この辨栄上人の行動を、「〝見えざる気〟の力を使って、大辞典の中のすべての情報を自分の頭の中にインプットしたのだ」と説明している。さらに関氏は、こうも言っている。

「〝気が合う〟というのは、同じような〝気〟と〝気〟が同調するということだろうし、〝気がつく〟というのは、いろいろな情報を持った〝気〟が人間の情報系についたことだろう。

また、〝気が強い〟〝気が滅入《めい》る〟なども、その人が持っている〝気〟の状態を表す言葉である。

人生の達人でない平凡人のわれわれでも、毎日、〝気〟の流れの下に生きているということを忘れてはならないだろう」

また、「見えざる気」については、大数学者だった岡潔《おかきよし》博士が、次のように話している。

「私たち日本人の今の知識と言えば、欧米の知識をそのまま受け入れたものである。しかしこれは本当に正しいのだろうか。一度よく調べてみよう。欧米人は五感でわからないものは、〝ない〟としか思わない。ところが、調べていくと、ついに素粒子《そりゅうし》というものが発見された。

自然というのは、物質も、質量のない光や電気も、みな素粒子によって構成されている。素粒子には多くの種類があるが、二つに大別することができる。安定な素粒子群と、不安定な素粒子群である。

不安定な素粒子群は、たいへん寿命が短い。生まれてきて、すぐ消えてしまう。最も寿命が長いと言われているものでも、その寿命は百万分の一秒くらいである。

そうすると、〝無から有が生じる〟ということは考えられないから、不安定な素粒子は生まれる前も消えてから後も、五感でわからない状態とみるほかない。このように、五感でわからないものも存在するのだ。

西洋人は、自分たちの研究が、〝五感でわからないものはない〟という仮定の上に立っているのだという欠点に気づかなければならない。しかし、このことに気づいている西洋人はないように見える」

このように岡博士は述べ、五感でわからないもの、つまり「見えざる気」を研究すべきだと提言しているのである。

速読は「気」の応用でできる

活字離れの時代と言われて久しいが、なんとか健闘しているのが文庫本である。通勤電車の中で肩を縮め、いかにも読みにくそうに文庫本を読んでいる人がいる。

ところが、よく見ていると、三〇分たっても、次のページに進まない。

読書をしているというスタイルが一つのファッションなのだと思えば、それはそれでよいのかもしれないが、揺れる車内で小さな字を追うのは目を悪くするばかりでは……と他人事ながら気にかかる。

こんな流行に乗ってか、出版物があまりに出回りすぎた結果なのか知らないが、速読術というのが人気を得ているらしい。

「三分間で一冊を読破する」などというキャッチフレーズが、忙しい現代人の心をとらえたのかもしれない。

さて、その速読術だが、私が見るところ、昔から言う「斜め読み」を少しばかりシステマティックにしたものにすぎないようだ。

速読術は韓国あたりで発達したものらしいが、もとはと言えば、「気」を応用したものである。

ダルマ大師の修行の一過程に、「面壁九年《めんぺきくねん》」という精神統一法があるが、実は、速読術の基礎も、それと同じように壁に向かって行うものだ。

ちょっと紹介しよう。

壁に点を描き、六尺（約一・八メートル）離れて、見つめ続ける。やがて、この点が大きくなったり、小さくなったりしてくる。あるいは丸く見えたり、三角に見えたりする。

そして、その点が「一つの全体」となって、把握されるようになる――これがコツなのだ。

たとえば、テレビや映画でも、一場面を見ていながら、全体の流れの中でその場面をとらえて理解するだろう。

これを読書に応用すれば、速読術になる、というわけである。

危険を予知する「気」のパワー

近い将来に起こることを、予知の形で知らされるというケースがある。こうした未来からの情報をキャッチできるのは、潜在的な脳の活動と大きな関係があるという。精神分析の創始者（神経病理学者）のフロイトは、「潜在意識の中にしまわれているいろいろな抑圧が、夢で解放される」と考えた。

この潜在意識と脳の活動の関係については、右脳・左脳理論が手がかりになる。大脳はボールを半分に割ったような左右の半球に分かれていて、それぞれに別の働きをしていることがわかっている。

カリフォルニア大学のロジャー・スペリーは、この大脳の働きについて研究し、それによってノーベル医学生理学賞を受賞しているが、彼の報告によると、私たちの右脳・左脳には次のような働きがあるという。

左半球の脳は、意識脳と言われて意識の働きがあるが、右半球の脳は意識の働きはない。言葉や考え方を頼りに生活しているというのは、左脳中心の世界である。こうした生活の中では、感情的な働きや感覚を受け持つ右脳は、表面には出てこない。

これを示す好例が、「気がすすまない」というケースである。ある事柄について頭では納得できたように思えるのに、実際に行動に移すとなると、なぜか気がすすまないということがある。

この場合、左脳は、論理的には「わかった」と言っているのに、右脳のほうが、直感的に受けつけないのである。

あとになって、「やっぱり、やらなくてよかった」という場合は、いわゆる第六感が危険を知らせていたことになる。

中国の「気」の科学には、「三脈の法」という危険の予知法がある。私自身もそれで危険からのがれたことがある。

何年か前に、私は東京の西新宿のＮＳビルの下を歩いていて、急に、「逃げろ」と叫びながら飛びのいていた。ちょうどそのとき、ビルの上から、大きな看板が落ちてきた。死者も出るほどの大事故だったから、ニュースを見て、覚えている人もいるかもしれない。

とっさの危険予知によって、あやうく命拾いしたわけだが、これは「三脈の法」によるものだ。NSビルのところで危険な事故にあった日の朝、私は「三脈の法」で危険を感じていた。そのため、回避できたのだ。

安全な国と思われていた日本も、一歩外に出ると、どんな危険が待ち受けているかわからない状態になってしまった。もしもの事態に備えて、「三脈の法」を知っていれば、おのずと危機管理ができる。そこで、次のやり方をしっかり頭に入れて実行してみてほしい。

①左手首の脈を右手で握る。手は左右逆でもかまわない。
②あごの下の左右の脈を、左手の親指と人差し指で押さえる。
③この状態で、手首とあごの下の三点の脈を同時にみる。

安全な場合には、この三点の脈が一致している。乱れているときは、身近に危険が迫っているというサインだ。そうしたサインが見られたら、車に乗らないようにしたり、旅行に出かけないようにしたり、できる限り危険を回避するようにしよう。

この方法は簡単にできるから、毎朝家を出る前に行うといい。何か危険がありそうだとわかれば、回避する方法も考えられるというものだ。

「気」の迷いは大損のもと

「これだ」と信じたら、それ以上くよくよ考えず、信じた道を突き進むことが大切だ。「これ！」と信じるということは、その瞬間、「気」が高まり、インスピレーションを得やすいということなのだ。

週刊誌にこんな記事が載っていた。イギリスでは、自分で二桁《けた》の数字を六種類選んで申し込む宝くじが大流行している。

ビートルズの出身地として知られるリバプールに住むオブライエン氏は、この宝くじを買おうと思いつき、なんとなくひらめいた数字をメモに書き留めた。

「14・17・22・24・42・47」がそれだった。

さて、発表の日、このメモと当たり番号を照らし合わせると、なんと大当たり。賞金は二〇〇万ポンド（約二億八〇〇〇万円）という豪気なものだった。ところが、オブライエン氏は、発表の翌日、自宅の屋根裏部屋で、頭に銃弾を打ち込んで自殺してしまったのだ。

いったいなぜ、自殺したのか？　その謎はすぐに判明した。

オブライエン氏はこの番号を思いつきながら、実際には、くじを買わなかったのだ。いざ、くじを買おうとするとき、

「どうせ、思いつきの番号なんか、当たりっこないさ」

という迷いが生じてしまったらしい。

これまでも、何回となく、思いつくままの番号でくじを買っては、はずれ続けてきたのだから、無理もないかもしれない。

だが、迷わずに買っていれば、ロールスロイスでもジャガーでも、なんでも買える身分になっていたのだ。

「気」の迷いは、幸運を蹴散らしてしまう。「気」が極限まで高まると、一種の超能力が生じ、普通では見えないものまで見えるようになることがある。もちろん、はっきりと見えるわけではないが、なんとなく、そういう気がするのだ。

この「なんとなく、それがいいような気がする」という精神の動きは、「気」が導く幸運への道なのである。

オブライエン氏が番号を脳裏に思い浮かべたとき、たしかに彼は幸運の女神の前髪をつかみかけたのだ。

だが、一瞬の「気」の迷いが、幸運を蹴散らしてしまった。

山カンや第六カンは、「気」のテレパシーであり、けっしてバカにしてはいけないという教訓である。

「気」を味方にすれば、恐いものはない

飛行機であちこち飛びまわる仕事の人は多い。

しかし、飛行機の事故は恐怖である。

おかしなもので、一つ事故があると、まるで連鎖反応のように事故が続く。旅行社や航空会社は、「航空機事故はほかの交通機関に比べるとはるかに少なく、死傷者の数も少ない」と宣伝するが、いったん事故となると生存者がほとんどいないのだから、やはり恐ろしい。

ところで、そんなときによく話題に上るのが、偶然に、その飛行機に乗らずに助かった人の話である。

「親類に不幸があって……」とか、「乗り遅れてしまったので……」というように、理由はいろいろだ。

これとは反対に、キャンセルが出て、その飛行機に乗ってしまい、事故に遭遇して

しまったというケースもある。

このような、幸不幸の分かれ道で大きな作用をしているのが偶然である。たとえば不幸続きの人には、偶然はまるで「疫病神《やくびょうがみ》」のように思えるかもしれないが、強運の人には「幸運の女神」に映る。

偶然という言葉は、辞書によれば「予知せざる出来事」ということだが、私は、ある意味では、必然の結果とも言えると思う。

ある人が、出勤途中の横断歩道で、スピードを出しすぎた車にひっかけられてしまったとしよう。

何十年となく、その道を歩き、横断していたのに、たまたま事故にあったというが、その人がちょうどその時間にその場所にいたのは必然である。出がけに電話が入って家を出る時間がずれたりするのも、必然かもしれない。

また、車のほうにしても、所用があって、たまたまその道を通ることになったというのは必然なのである。言ってみれば、このような必然と必然がぶつかり合うときに偶然が発生している。

このような偶然の発生については、哲学者や数学者などがさまざまな研究をしているが、私は、それこそが「気」のぶつかり合いなのだと考えている。邪気と邪気がぶつかれば不幸を招き、充実した「気」と充実した「気」のぶつかり合いならば幸運をもたらすことになる。

だからこそ、邪気を体の内に蓄積しないように注意しなければならないし、「気」の充実を図らなければならない。

これは、身体の健康のためばかりではなく、「気」が幸運を呼び招いてくれるからなのである。

もちろん、人間は神のような造物主ではないのだから、偶然を予知したり、幸運のありかを知ったりすることはできまい。

だが、「気」を考えることによって、偶然を必然の幸運に変えることは可能なのだ。「気」とは、言わばオールマイティの切り札のようなものである。あらゆるもの、あらゆる場面で活用できるもので、人生を切り拓《ひら》いていくうえで、これ以上に強い味方はない。

緊急時のテレパシーは「気」の働き

テレパシーは、ある特定の人間同士の間で、たいへんよく通じるものとされている。たとえば、肉親や夫婦の場合は、まったくの他人と比較して、非常に感応度が高くなるようだ。

とくに、片方に何か事故があったり、体の異常があったりしたときなどは、その感応度は一段と高まるのだ。このような危険を知らせるテレパシーも、「気」の働きによるものなのである。

こんな例がある。

新田次郎氏が書いた『八甲田山死の彷徨《ほうこう》』は小説形式にしてはあるが、実話をもとにした作品だ。登場人物も、それぞれ実在した人物の名前を少しずつ変えて刊行されている。

ストーリーは、日露戦争に備えて耐寒訓練をするために、青森連隊と弘前連隊が真冬の八甲田山を突破するというもので、その中に、二隊の中にいた兄弟の悲話が添えられている。

この兄弟、弘前連隊の斎藤吉之助伍長と青森連隊の長谷部善次郎一等卒（善次郎は生後まもなく養子に出されたので、姓が異なる）は、それぞれの連隊とともに八甲田山を目指した。

少し遅れて出発した青森連隊は、折からの異常寒波の中で、必死の行軍を続けたが、ついに遭難してしまった。

その反対の方向から八甲田山を突破しようとしていた弘前連隊の斎藤伍長は、弟が雪中突破隊に加わったことさえ知らなかったが、弟の身に死が迫りつつあるときに、不思議にも、しきりに不安を訴え始めたのだ。

そして、まさに弟の死の瞬間には、彼は幻聴、幻覚に悩まされたのである。頭の中をさまざまな緊急信号が駆けめぐった。それを見た将校は、

「きっと行軍によって疲れているのだろう」

と、なぐさめた。

やがて一行が青森連隊の遭難現場に差しかかると、斎藤伍長は、何かに導かれるよ

うに雪の中をさぐり、なんと弟の銃を見つけ出した。そして、そのすぐそばの雪の中に埋《う》まっていた弟の遺骸を発見したのである。

このように、肉親の間では、とくに緊急時には「気」の働きが活発化し、テレパシーが容易に通うものなのだ。

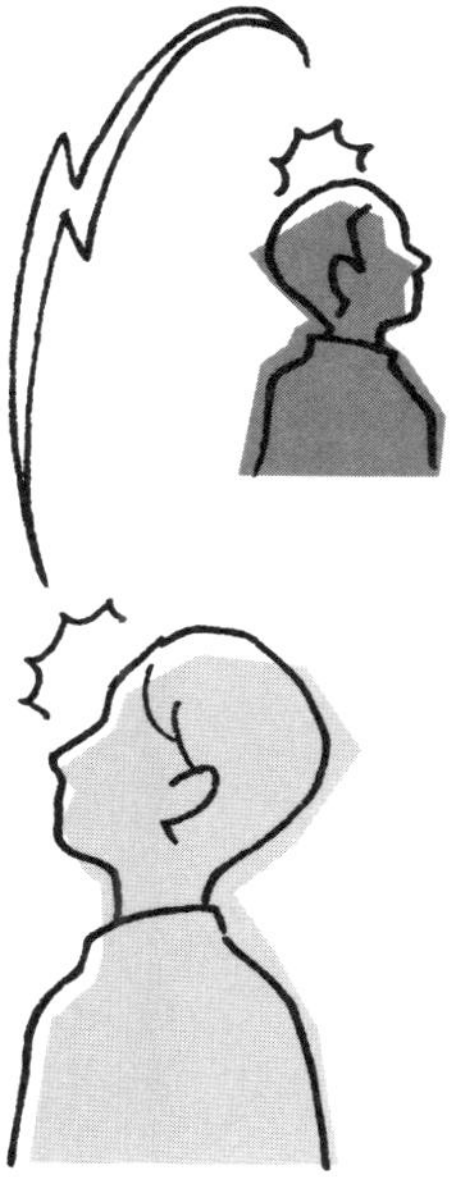

手のひらは「気」の放射口だ

現在、中国では、東洋と西洋の医学を合体させた治療の研究が盛んになっている。たとえば、ハリ麻酔だとか催眠術を応用して患者を催眠状態にしたまま、脳の手術なども行っているようだ。

西洋的な頭では考えられないような不思議なことだが、人体の生理機構と「気」が直結したものであることを、思い知らされる事実である。

日本でも、昔は「おさすりさん」と言われる人たちがいて、患者の痛いところに手のひらを触れ、さするだけで治療していた。

手から出るある種の活力（オーラ）で、患者の「病んだ気」を追い出してしまう、という原理である。

実際、それだけで治ってしまう患者も、けっこういたのである。

また、今でも、挨拶《あいさつ》がわりに手をかざし合い、たがいの「気」を交換して、無事平安のしるしとしている人々もいるが、これも言わば気功法の一つだろう。たしかに、手のひらは「気」を放射しているのだ。

若者たちがたむろする部屋などに入ると、一種の若い精気に圧倒されることがある。このような精気を蓄えている人の手に、自分の手を近づけてみてほしい。そうすれば、「気」が発散されていることが、よくわかるはずだ。

なんといっても、「気」を発散し、ほかに伝えるのにいちばんすぐれているのは、手のひらである。

だから、頭痛がするといっては頭に手を当てるし、おなかが痛ければ、自然に手が痛いところに置かれる。

これこそが「手当て」である。

ふつう、「手当てをする」と言えば、薬を飲んだり塗《ぬ》ったりという医療を指すが、その言葉の由来は、実際に患部に手を当てて治す「手当て」からきているのだ。

昔、薬も買えず、医者にもかかれなかった庶民は、子どもが病気にでもなったりすると、母親がじっと子どもの頭に手を当てて、「早くよくなるように」とひたすら病気の快癒《かいゆ》を願った。この母の「気」が通じて元気になった子どもは、どれほどたくさんいたかわからない。

「気」は常に私たちの体から放射されている。どこか痛いところがあると無意識のうちに手を当ててしまうのも、手のひらが「気」の放射口であることを、本能的に知っているからだろう。

また、ある科学者は、

「手から出ている〝気〟はある種の酵素だ」

と言っている。

この説が正しければ、病気が治るのも当然である。

というのも、酵素は、動物が体内で作っているもので、これを人工的に外部から与えてやることによって、体を活性化させることができるからだ。

花を植えた鉢を二つ用意し、一つのほうの鉢に毎日手をかざし、「気」を送り続けてみると、よくわかる。「気」を注入し続けたほうが花の成育も早く、色もきれいで、日持ちもよいのである。

神の力、仏の力は「気」である

香港に行くと、仏陀《ブッダ》と老子、孔子の三尊を祀《まつ》った寺院がある。台湾でも、お寺に孔子像が祀られているところがあったりして、日本人は、ちょっとばかり違和感を覚えるかもしれない。

だが、土地の人は、あたりまえのように三尊に等しくお参りして、おみくじを引いたりしている。その姿を見ていると、日本人とはどこか違っている。日本人は仏なら仏、神なら神を、ひたすら崇《あが》めたてまつって、功徳《くどく》をください、ご利益《りやく》が欲しいとせがむが、中国の人たちは（といっても、香港や台湾での見聞だが）、神仏孔老との「気」の交流を主にしているようだ。

「気」の交流をするためには、まず祈る人に「気」が必要である。そうでなければ、交流も成り立たないし、祀るものの「気」を受けることもできないからだ。神仏の「気」との交流、感応が得られれば、それが神仏の功徳だと考える。だから仏でも、老子でも、祈る側の「気」の弱まったところに応じてくれる神仏こそ尊いわけだ。

こうして、中国人は賽銭《さいせん》をあげ、香をたいて、神仏との交《まじ》わりを得ようとする。「気」を知っている民族なのだ。

以前、私は台湾に行ったときに直径四センチほどの純金製のペンダントを手に入れた。実はこのペンダント、胸に下げていれば、神社仏閣にお参りした際に、その寺廟《じびょう》の主の在・不在を告げてくれるという代物なのだそうだ。

さっそくこのペンダントを胸にぶら下げて、京都、奈良の有名寺院を回ってみた。ちょうど観光シーズンだったこともあって、どこもたくさんの人であふれていた。だが、胸のペンダントは、何の信号も送ってこなかった。

「○○がうまくいきますように」「××をください」と、次から次へとたくさんの人から願いごとを出されては、どんなにタフな神仏でも、めんどうくさくなったのかもしれない。神社仏閣を抜け出して、静かなところへ息抜きに出かけてしまったのだろう。

それでも人々は手を合わせ、懸命に祈っていた。賽銭箱には何枚かの一万円札もひっかかっている。「もったいない。神様はお留守なのに」と、教えてあげたくなってしまった。

そうかと思うと、別の日に、ある海岸の町を歩いていると、突然、胸のペンダントに、ピピピ……と感応するものがあった。あたりを見回すと、通りの奥まったところに、今にも崩《くず》れそうなお社《やしろ》があった。

そこには、賽銭箱さえなかった。それで私は、「ははぁ、神様たちが集まって、茶飲み話でもしてるんだな」と納得したのである。

「気」で神仏と交流するということを、もう少しわかりやすく話そう。

宗教画や仏像を思い浮かべてほしい。ほかの弟子たちは普通の大きさなのに、仏陀や聖徳太子が、ひときわ大きく描写されていることに気がつくはずだ。

これは仏陀や聖徳太子が大きかったのではなく、絵師や彫刻師が、その「気」に圧倒されたからである。これを「実相」に対する「気相」という。

神仏が「気」であることがわかれば、神や仏にすがるのではなく、その「気」を自分のものにすればいいのだ、ということもわかる。このとき、あなたの「気」は「神」と化したと言える。

運を招く人、のがす人

「何か最近、私ってツイてないのよね。運が悪いっていうか、とにかく何をやってもうまくいかない。それに引き替え、○○さんは本当に運がいいんだから……」

こんな嘆きの声をよく耳にする。どうやら、世の中には運のいい・悪いがあるようだ。では、いったい何が、それを左右しているのだろうか。また、運は変えられるものなのだろうか。

まず、どうして運が悪くなってしまうのか、その原因を考えてみたい。実は、これも「気」と深い関係があるのだ。

私たち人間は、誰もが生まれながらに「気」という根源的なパワーを持っている。中国の老子は「ありのままに、自然のままに生きよ」と説いているが、その教えにもとづいて、身も心も生まれたばかりの赤ん坊のような「元気」の境地に置けば、すべてが順調にいくはずである。

しかし、現実の生活の中では、人間は病気になったり、不幸になったりする。それは、どこかで「気」を停滞させるような無理をしているからなのだ。

普通、仕事に追われたりして気が張っているときは、たいていの人は病気などにかからない。

ところが、その張り詰めた気がゆるむと、風邪をひいたり、熱が出たりする。こうした症状は、疲れや気のゆるみによって「気」が停滞し、体内に悪い気（邪気）がたまったために起こるのである。

逆に言えば、自分の体内に「気」が充満していれば、ラッキーな結果を招きやすいわけだが、ここで一つ、その状態を知るチェックポイントをお教えしよう。

昔から、「歩く姿を見れば、その人がわかる」と言われているが、実は、歩き方を見ただけで、その人の運・不運がわかってしまうのだ。「運が悪い」と嘆いている人は、次のような歩き方をしているはずである。

●雀行《じゃくこう》……スズメのように、体までヒョイヒョイと、はねるように動かしながら歩く。決断力に欠け、才能があっても、それを発揮する知恵に欠ける。何をしても失敗が多く、生涯貧困が続き、親の財産までも失ってしまう。

●蛇行《じゃこう》……まるでヘビがはっているように、腰に力がなく、体を左右に曲げて歩く。どんなに善良そうに見えても、心の中には油断のできないところのある人間で、親の仕事をダメにしたり、たとえ一時的には成功しても、最後には失敗したりすることが多い。

●狼行《ろうこう》……オオカミのように早く歩いては止まり、ゆっくり歩いては立ち止まり、あちこち見回す。これはひねくれたタイプだ。

●狐行《ここう》……キツネのように早く歩き、前後左右に気を配る歩き方。このタイプは人を陥《おとしい》れ、盗みをしやすい。

●鵞行《がこう》……体をアヒルのように振りながらヨタヨタ歩く。孤独でいやしい人物とされる。

以上が悪い歩き方である。

もし、あなたの歩き方がこれらのどれかに当てはまるなら、次の理想的な歩き方に修正することをおすすめする。

最も望ましい歩き方は、「虎行《ここう》」といって、トラが歩くように、体をどっしりと重く、足は軽やかに、ゆっくりと運んでいくというものだ。かかとに力が入っていて、体が前かがみになることも、後ろにそることもない。当然、腰が決まり、気持ちにもゆとりがある。実際、「気」が充満していると、無意識のうちにこうした歩き方をしているものだ。

「足が地についている」という表現があるが、こうした歩き方ができるようになれば、自然に運もついてくるようになる。ふだんから気をつけていれば、いい歩き方ができるようになるし、それが「気」の流れをよくし、運を招き寄せることにもなるのだ。

「気」の実用性を見逃すな

古来、東洋の賢者は、動物の生態を見抜き、そのまねをすることが健康への道と考えた。というのも、野生動物は病気はせず、病気で死ぬこともほとんどない。それならば人間も野生動物と同じように生きれば、病気で苦しんだり、病気で死ぬことはないのではないかというのである。

そのためにはどうしたらいいか。たどりつく考えは、自然に生きる、ということであった。動物のように、自然の法則に逆らうことなく生きることこそ、人間にとっても最もすぐれた生き方なのだという発想が生まれてきたのだ。

野生動物の生態は、その行為のどれ一つとっても、無理のない自然そのものと言える。息のしかた、獲物を狙《ねら》うときの姿、子の育て方、寝相《ねぞう》にいたるまで、すべてにわたって宇宙に満ちている「気」をムダなく取り入れた動きをしている。だからこそ、人間のように病気に苦しめられることはない。やすらかに天寿を全《まっと》うしていくことができるのだ。

「気」は動物の動きをじっくり観察したうえで、人間の体験を通じて発見された。そのため、中国古来の健康法「導引術《どういんじゅつ》」は、「気」の思想にもとづいた健康法である。また、この本で述べるように、人生を成功に導く生き方でもあるのだ。

「気」の思想は健康法ばかりでなく、天文、易学《えきがく》、医学など、中国の科学の多くの分野にわたって、その基礎的理論に大きな影響を与えた。したがって、「気」がわかるということは、とりもなおさず宇宙がわかるということであり、自然がわかることであり、自分が、人間がわかることである。

そのため、「気」についての著作は、古来、多くの人がなしてきた。しかし残念なことにこれまでの書物の多くが、あまりにも専門的すぎたり、わかりにくかったりなどの理由から、一般に広まることなく、一部の好事家《こうずか》や研究者たちにしか知られることはなかった。しかし、これでは困る。「気」は実生活で役立ってこそ意義があるのだ。「気」はもともと実践されてこそ価値があるものなのだ。

その例として孫子を挙げよう。彼はその兵法書に、

「朝気は鋭く、昼気は惰、暮気は帰。ゆえに善く兵を用いるものは、その鋭気を避け

て、その惰帰を撃つ。これ気を治むるものなり」と説いている。つまり、朝は兵隊の気力は鋭くなっており、昼の気はだらけ、日暮れになると兵舎に帰ることばかり考えている。だから用兵家というのは、朝の気を避けて、昼どきや夕方の帰り道を狙い、攻撃する。これこそ「気」を体得した者だということだ。孫子もやはり「気」を知りつくして兵法に用いていたのである。

私たちの日常においては、「気」が高揚しているときには、たいていの場合、ビジネスもスムーズに運ぶことができる。その結果、「ついていた」「調子がいい」ということになる。

これは「気」が「運」と連動していることを示している。つまり、「気」の流れがスムーズで、全身に充実しているようなときは、やることが先の先まで見通せるようになる。そのため自信をもって行動でき、結果としていい成果をおさめることができるというわけだ。

これはビジネスでは大きな力となる。「気」も「運」もどちらも自分で作り、呼び込むものだが、自分で予期していた以上の成果をもたらすことがよくある。このようなケースでは、自分で作り出した「気」が、「運」をいっしょに連れてくるからである。

たとえば、名を残すような投資家や事業家には、こうして次々と強運を引き寄せている人が多い。逆に、ついていない人が自分でも強運を手にしたいと思えば、「気」の充実した、ついている人の運に乗るように、「気」の流れをとらえ、気力のあふれた人を仲間に呼び込むのも、強運を呼ぶ方法と言えよう。

つまり、「運」を強くするには「気」を知り、「気」を充実させることがなによりも先決なのだ。私たちの体内には、鍼灸《しんきゅう》の経絡《けいらく》と同じように「気」の通る道すじがある。しかし、「気」の流れにつまりがあったり、よどみがあったりして、スムーズに流れていないのでは、「気」を充実させることができない。そこで、「気」の流れを正常にする。言わば、汚れた「気」を体外に排泄《はいせつ》し、新鮮な「気」を体内に取り入れる方法が導引術というわけである。

繰り返すが、「気」を知るということは、自分自身の状態を知ることであり、自分がわかれば他人もわかるようになる。

他人がわかるということは、世間がわかることにほかならない。世間がわかるようになると、金の流れ、物の流れが自然とわかってくるのである。

「できる」ということが、「気」のパワーにつながる

「プラシーボ効果」という現象を知っているだろうか。

乳糖、デンプン、蒸留水、生理食塩水などといった、毒にも薬にもならないような物質も、「これは、よく効きますよ」と言って患者に与えると、治療効果があらわれるという。

欧米では、この研究が盛んに行われているが、なかでもアメリカのブルーノ・クロファー博士による実験が有名である。

重い腫瘍《しゅよう》を持った元飛行士に新薬を与えたところ、腫瘍が消え、患者は奇跡的に飛行士として現役復帰した。

ところが、その薬の効果が疑問視されるという情報が伝わると、また腫瘍が再発したそうだ。

プラシーボ効果は、とくにモルヒネによる実験で興味深い結果が出ている。

モルヒネは痛み止めとして知られているが、これをある患者には本物を与え、ある患者には代用薬を与えてみた。

すると、モルヒネのほうは五二パーセントの患者の痛みが消えたが、代用薬をもらった患者のほうも四〇パーセントが痛みが止まったという。

このように、代用薬でも一〇人のうち四、五人には立派に効果をあげることがわかっているのだ。

とくに、胃腸系の病気は、精神的な影響、想像による影響が大きいので、プラシーボ効果はきわめて高くなる。

これと同様に超能力の場合も、「ダメ」と考えるとダメで、「できる」「可能だ」と考える人のほうがパワーが出やすいことがハッキリとわかっている。

世に名を残すような大実業家にしても、大発明家にしても、いきなり成功した人などいない。

誰もが、無数の失敗の繰り返しの中から、はい上がってきている。

ノーベル賞を二回も受賞したキュリー夫人や、ペニシリンで有名なアレキサンダー・フレミング、あるいは医学者のルイ・パスツールなどは、成功のかげに、実におびただしい数の失敗がある。

そうした失敗を重ね、その後にようやく大業績をあげたのだ。

しかし、不思議なことに、こうして成功した人たちは口々に、

「自分は運がたいへん強かった」

と言う。

つまり、失敗したことをクヨクヨ悩んだり、失敗を口に出したりしないのである。

反省というのは、あまりしすぎると、その失敗のことをいつも思い出し、かえってマイナスになることがある。そして、それに気をとられて、本来の力を十分に出せなくなることが多い。

「クヨクヨしてもはじまらない」

と、むしろ強気で明るく振る舞ったほうが、「気」のスーパーパワーの発揮につながるのだ。

邪気を嫌えば、邪気が入ってしまう

「気」とひとくちに言っても、いろいろな質がある。

たとえば、

「あの人は陽気（あるいは陰気）な人だ」

などと言われるように、まず陰と陽の二つに分けることができる。

また、気が強いとか弱いといった見方からすれば、「気」の強弱も問題になってくる。

これは「気」の量とも関連しているのだが、何か仕事を始めようとしても、「気の抜けた」状態のときは、だらけてしまって、仕事にならなかったりする。

もう一つの分け方は、よい気（正気）か悪い気（邪気）かということである。

たいへん仲のよいカップルがいる。

二人とも、以前に目を患《わずら》ったとかで、視力が弱いため、どこに出かけるにも手をつなぎ合って歩く。

その姿は傍《かたわ》らで見ていてもほほえましい。

しかし、困ったことに、二人とも、他人の邪気を受けることを、非常に恐れているのだった。

邪気というものは、実は、怖がれば怖がるほど、逆に入り込んでしまうという性質がある。

この二人は、電車に乗っても、前の席に座った人がセキをしていると、ほかの席に移動したりするほど、神経をとがらせている。それなのに、よく風邪《かぜ》をひいたり、吹出物を作ったりしている。

実は、邪気を異様に怖がること自体、本人にも同質の邪気があると考えて間違いない。「同病相憐《あわ》れむ」というように、邪気は邪気を呼ぶのである。

よくある話かもしれないが、こんな例もある。

知り合いの中年の女性は、異常なまでに虫類が嫌いだという。とくに、「葉ザクラの季節が大嫌い」だそうだ。なぜかというと、虫がいっぱい湧いて、木から落ちてくるからだという。

彼女の家から駅前のマーケットまでの距離は、歩いて五分。途中、大きく右折する角の屋敷に、サクラの古木がある。このサクラは、東京の某区指定の保護樹でもあるそうだ。

その木の下を通れば、道も近いし、自動車の通る道を横切る必要もないから、安全である。

ところが、葉ザクラのころになると、わざわざ遠回りするような恰好《かっこう》で、反対側の歩道を歩くようにしている。風に吹かれてサクラの木から落ちてくる虫を避けたいためである。

夕方、買い物袋を両手に抱えて、彼女は家路を急いでいた。その日は、いつもの癖《くせ》で、いつも通る側を歩いてきた。

そして、その木の下にさしかかり、

「しまった、こっちの側を通ると、虫が落ちてくるかもしれない」

と気づき、急ぎ足になった。

そのとたん、ポトンと、えり首に落ちたものがあった。

「ギャーッ」と大声とともに、彼女は手にした紙袋を放り出していた。

その声を聞きつけた近所の人たちが「どうしたの?」と集まってくれたのだが、恥

ずかしいやら、気持ち悪いやらで、チクチクする背中を指差しながら、

「ムシ……虫が入っちゃったんです」

と言うのが精一杯。

集まった人に手を取られて立ち上がった彼女が、カーディガンの裾《すそ》をまくって、体をゆすると、ポトッと落ちたのは、自分の髪につけていたピンだったとか。

なんのことはない、いやだいやだと避けていた虫の気におびえたための錯覚だったというわけだ。

第二章

「気」が人間関係を動かす

人気がある人とは、文字どおり「気」のパワーのある人

不思議なもので、人間は三人集まると「派閥」が生まれる。そのとき、二人になる人と一人になってしまう人がいるが、その差はいったい何なのだろう。人数が多くなれば、その差はもっと明らかになる。

思い出してみれば、学生時代には必ずクラスの人気者がいたし、会社に入ってからも、同期の中で、なぜかアイツはよくもてるという人間が一人や二人はいたものだ。別段、ルックスがとびきりよいわけでもなければ、とくに切れ者というわけでもない。むしろ、クラス一の秀才や、才色兼備の美形が必ずもてるとは限らないのだ。

会社の中にも、かなりの美人なのになぜか縁遠く、ついにはお局《つぼね》さまコースをたどってしまうという例は少なくないはずだ。

人気があるとか、もてるということと、人間の優劣は必ずしも一致しないことに気づかされる。

だが、よく考えてみると、人が集まる人間には、どこか共通点がある。

まず、明るいこと。それに声が大きいか、よく通る。

顔は十人並みぐらいかもしれないが、パチッと力のある目をしている。

そして、そばにいると、なんとなく元気が出てくるような、なんとも言えない活力にあふれている。

この活力こそが「気」なのである。「人気」とは読んで字のごとし、人を引きつける「気」のことを言う。人気のある人とは、人を引きつける気を盛んに出している人を言うのだ。

この世の中のたいていのことを左右しているのは、人間関係だ。人間関係とは、言ってみれば、人と人の間の「気」の流れなのである。

「気」の上手な使い方を身につけ、多くの人と「気」をよどみなく交流することができるようになれば、人間関係はグングンよくなり、恋愛も、家庭生活も、もちろん仕事も思うように進められるようになる。

人間関係の名人と言えば、元首相の田中角栄氏が浮かぶ。なんでも「よっしゃ、よっしゃ」と引き受ける迫力ある政治家だった。

戦後経済史の専門家に言わせると、一九七三年に日本を襲った第一次石油ショックの大打撃から日本経済が立ち直れたのは、田中角栄氏のかなり強引とも言える政治指導力があったからだという。

不思議なことに彼と直接対したことのある人で、角栄氏を悪く言う人はほとんどいない。それどころか、言うに言われぬ人間的な魅力のとりこになってしまったと告白する人もあるほどなのだ。

角栄氏は、一方では叩《たた》かれながらも、それほど、人を引きつける「気」のパワーに満ちた人だったのである。

人気とは「人を引きつける気」なのである。その人が持つ「気」に引きつけられて、多くの人が周囲に集まってくる。

集まってきた人たちがその人のためにそれぞれの得意技を発揮してくれる。だから、仕事でもなんでもうまく進むのだ。

「気」を高めることが、どれほど重要なことか、わかっていただけるだろうか。

「華」のある人は強い「気」を持っている

芸能プロダクションでは、毎年、全国のタレント志望者を集め、たくさんの応募者の中から有望なタレント候補を選び出し、売り出していくというイベントを行っている。Sさんは、こうして発掘されたタレントだった。

きれいな声で、歌手としては才能があったかもしれないが、最初のころは、それほどのルックスとも思われなかったらしい。

だが、そのプロダクションの会長は、こう語っていた。

「顔や声以上に大事なのは、その子全体から立ちのぼってくる、ある種の力なんですよ。なんとも言えない人を引きつける力があるか、どうか。

僕はタレントも社員も、採用する時は声の大きい人、目がきらきらしている人を基準に選ぶ。

歌なんて、磨いていけば、うまくなりますよ。長年、芸能プロダクションをやってきた体験から、そうした力のある子、あるいは潜在的にそうした力を持っている子は、会った瞬間になにかが違うことがわかってきたんですよ。

Sは、最初からどこか違っていたんです。大勢のタレント候補の中にいても、居場所はすぐにわかるんです。要するにピカッと光っている……。その光を感じたとき、ああ、この子は絶対にスターになるな、と直感しましたね」

何かピカッと光るような雰囲気。

それこそ、「気」を強く発散するということなのである。

Sさんのように、どんなところにいてもピカッと光るような存在を、昔の人は、「華のある人」と表現した。

あの役者にはハナがあるとかないとかいう、あの「華」である。

歌舞伎役者でも、芸が達者かどうか、顔だちが整っているかどうかということ以上に、「華」があるかないかが人気につながる。

歌舞伎史に残る名優たちにも、誰にもまねのできない華があった。

型や振りはなんとかまねすることもできるだろう。しかし、「華」だけは、その人の奥深いところから出てくるものであり、その人自身が自覚して修業しなければ、絶対に高めることはできないものだ。

「華」のある人とは、強い「気」を持っている人とも言える。

だが、「生まれながらの強い気」がなければ、その後の人生で、「気」を充実させるようにすればいい。「気」は、平凡な人でも天才に変えるだけのパワーを秘めているのである。

「気」の流れを変えて、良縁に恵まれた

私の知人の娘さんの話なのだが、この女性、ルックスはなかなかいいが、なぜか縁遠い。一流会社に就職したのだが、ボーイフレンドと呼べるような相手は、とうとうできなかった。

私は、結婚なんて、早きがゆえに尊からず（早ければいいというわけではない）と思うのだが、親心というのは、そんなものではないらしい。あちこちに見合い写真を配って、婿さん探しに必死になった。そして、何回か見合いもしたのだが、結局まとまらない。

ついに三〇歳の大台に乗ってしまい、ある日、私のところに思い詰めたような表情で、娘さんを連れて相談に来た。

話をしてみると、けっして「三高」のような条件にこだわっているわけではないという。素直で優しそうな娘さんなのだ。そして、本人も、心の底から早く結婚をした

いと望んでいるという。

そこで、私が彼女の「気」と、両親の「気」を診《み》ることにした。

すると、驚いたことに、口で言っているのとはまったく裏腹で、結婚相手に求めている条件がかなりシビアなのである。

経済力に恵まれていなければダメ。一流大学の出身者でなければダメ。相手の家柄にもこだわっているし、できれば、結婚と同時に相手の親がマンションの頭金ぐらいは出してくれることを望んでいる。背が低い男性はダメ、ルックスもまあまあでなければダメ……。

正直言って、かなりあきれてしまった。

このように、自己本位の欲に凝《こ》り固まっていると、「気」の流れは極端に悪くなってしまうのだ。こうした欲にこだわればこだわるほど、人はそのこだわりに引きずられてしまうのである。

悩みのとりこになると、「気」は出にくく、自然界に満ちている「気」も取り入れにくくなって、人を受け入れることも、人に好かれることもなくなってしまうのだ。このお嬢さんは、両親ともども、自分のほうから縁遠さを招いていたと言えるだろう。

始末に悪いのは、お嬢さんも両親も、それを意識しておらず、さまざまなこだわりを潜在意識として持っていたことである。

でも、こういう場合は、それを話して聞かせても相手にはわかってもらえないことが多い。

そこで、私は、それとなく「洗心術《せんしんじゅつ》」のテクニックを教えてあげた。洗心術というのは、頭の切り替えをする法である。洗心術によって、裸の自分を見つめ直し、こだわりを捨て去り、人間本来の素晴らしい生命力を引き出し、子どものように大らかでやわらかな心を取り戻すことができるのだ。

私は、この娘さんや両親と何回か会い、一見とりとめもない話のような形で、結婚について話をした。自然な結婚とは、好き合った男性と女性がいっしょに生活をして、子孫を残すことなのだ。

マンションだの、海外へのハネムーンだのは付け足しにすぎない。

「でも、結婚とは現実的には毎日の生活ですから……」

などと母親が言うので、こんな話もしてやった。腐るほど金があっても、夫婦が不和で家の中に木枯らしが吹いている例と、反対に大して金はないのだが、夫婦で商売をし、笑いの絶えない家庭の例だ。

すると、しだいに二人のこだわりがほぐれてきて、「気」の流れが変わったのがはっきりわかった。

それから数か月後である。私の手元に、金縁の封筒が届いた。見ると、例のお嬢さんの結婚式の招待状だった。

しばらくして披露宴に列席したところ、結婚相手は近所に住む大工の息子さんだった。中学校の同級生で、おたがいに好き合っていたのだが、女性のほうは、結婚相手としては視野に入れていなかったらしい。

私が見る限り、新郎新婦の「気」はみごとに一致していたのだ。案の定、もうそろそろ結婚一五年を迎えるが、周囲が呆《あき》れるほど夫婦仲がいいし、仕事のほうもとんとん拍子で発展し、今では中規模の建設会社になり、彼女は名実ともに社長夫人となっている。

このように、こだわりを捨てると、心の負担がなくなり、無理のない人生が送れるようになる。これもまた、「気」のパワーを上手に使うコツなのである。

「気」を合わせるだけで、人に好かれる

人間関係とは、おたがいの間をどれほど「気」が行き来するかで決まるものだ。おたがいが好きになるということは、二人の間をよい「気」が盛んに流れているということなのである。

人間はどうしても、自分中心にものを考えがちだが、自分中心の考え方というのは「気」が外に流れず、自分の中にこもって滞《とどこお》ってしまう。こうなると、すべてが悪い方向に向かってしまうのである。

「以心伝心」という言葉がある。これはおたがい、思ったことがすぐに相手に伝わっていくような仲だということである。つまり、「気」がこのうえなくスムーズに流れ合う相手なのだ、と考えられるわけだ。

「以心伝心」の仲になれば、恋人でも夫婦でも親子でも、仕事仲間でも最高の間柄になる。言ってみれば、「以心伝心」の仲、「気」のよく流れ合う人間関係こそ、理想の

人間関係ということもできるだろう。

「気」の流れをよくするための基本的なことは、自分のまわりに壁を張りめぐらさないことだ。

よく、自分のことは秘密にしたまま、相手のことばかり聞き出そうとする人がいる。これでは、相手だってガードを固くするばかりだ。

人間関係がうまくいかないと悩んでいる人の話をよく聞いてみると、たいていはどうしようもないガリガリ亡者であることが多い。世の中、自分中心に回っていると考えている。自分は何一つ悪くないと考えているのである。

自分は何もしないで、すべて相手が悪いと決めつける。学校が悪い。会社が悪い。自分は能力があるのに周囲が認めてくれないのだと考える。社会や政治が悪いと責任を転嫁してしまう。

たしかに、社会にはそうした一面がないとは言わない。だが、それを愚痴《ぐち》ってばかりいたって、らちが明かないだろう。

いや、らちが明かないどころではない。愚痴ってばかりいるうちに、自分の「気」がどんどん弱まってしまい、人生はますます暗い方向に向かってしまう。それが問題なのだ。

だが、これを自然現象に置き換えて考えてみよう。雨の日というのは誰にとってもいやなものだ。だが、雨が降れば人は黙って傘《かさ》をさし、寒い日ならコートを着る。このように自然現象ならば、自然に受け止めることができる。誰も雨が降るからといって、「天が悪い」といって非難したりはしない。

そこで、嫌いな人について考えてみよう。結局は、自分の考えや好みに合わないいだけではないいか。つまり、自分中心にものを考えることをあらためれば、嫌いな人はなくなるわけなのだ。人間というのは、おたがいの間に流れる「気」を本能的に察知する。こちらが「嫌い」だと思えば、相手の態度も硬化する。硬化したら、もうおしまいだ。ただでさえ流れにくい「気」は、ますます流れなくなってしまう。

反対に、こちらが自分中心的な考えを改め、相手の立場に立ってものを考えるようにすれば、相手の心もこちらに向かって開かれ、「気」は流れやすくなる。「気」が流れ始めれば、おたがいに好感が持てるようになり、関係はどんどんよくなっていくものなのだ。

無理をすると、「気」のエネルギーを殺してしまう

友だちができない。上司とそりが合わない。姑《しゅうとめ》とうまくいかない……。こんな悩みの持ち主はだいたい、我執《がしゅう》に凝《こ》り固まっていることが多い。自分で気がついているかどうかは別として、鼻持ちならないほどの自信家が多いのだ。

「そんなことはありません。自分は劣等感の固まりです」

という人もいるかもしれないが、劣等感というのは往々にして、優越感の裏返しのことが多いのだ。

たとえば、「自分の意見を述べたって、どうせ、あの上司はがんこだから聞いてくれない」と言っているような人は、おなかの底では自分の意見のほうが絶対に優秀なのだと信じ込んでいるから、そう思うのである。

自分のほうが優秀なことはわかりきっているのに、自分が注目されたり、評価されたりしないと、どこかでひがんでいる。

だが、前にも言ったように、自分の意見のほうが正しいなんて、どうして決めつけることができるのだろうか。

自分は背が高い。スーツだってブランド物で決めているし、ネクタイ、時計もブランド品だ。

「これだけかっこいいのに、もてないのはなぜだろう」

と、頭をひねっている人もあるかもしれない。

会社で「お局さま」と疎《うと》んじられたくないばっかりに、周囲のOL仲間の言うことに絶対にそむかず、仲間に誘われれば自分のデートに遅れたって、カフェバーの一軒ぐらい付き合っているのに……、どうも陰ではひそひそと悪口を言われているようだ、とかんぐっている人はいないだろうか。

人に好かれたい。誰とでもうまくやりたい。人から嫌われたくない、負けたくないという思いが人一倍強く、そのために正しく立派な人だと思われるように振る舞ったり、かわいい人だと思われたいと自分を抑えてなるべくかわいく振る舞ったり……。こういう努力は、すればするほど、「気」の流れを抑え込んでしまう。その理由は、こうした努力は自然なままの、あなた本来の姿を押し殺すものだからだ。

繰り返しになるが、「気」とは、自然界に満ちているエネルギーである。したがって、自然のまま、ありのままのあなたであることが、最も「気」の流れをスムーズにする。

だが、みんなに好かれたいと思い込んだり（みんなに好かれるなんて、これほど不自然なことはないとは思わないか）、絶対損はしたくない、いい人だと思われたい……と意識するあまり、自分を必要以上によく見せようとしたり、嫌われたくないばっかりに自分を曲げたり……。こうした行為はみな、自分自身のこだわりなのだ。

こうして、頭の中で作り上げた理想像のあなたは、本来のあなたではないから、不自然さがつきまとい、結局は人にも警戒されてしまい、それが「気」の流れの渋滞を招いてしまうことになりかねないのだ。

とはいえ、自分をありのまま、ストレートに出すのは案外難しい。人には誰でも自意識があり、この自意識が自分をガードしてしまうからだ。

本当の自分を見せるなんて恥ずかしいと思うかもしれない。

だが、相手は、恥ずかしさを乗り越えて、本当の自分を見せてくれたあなたに好感をいだき、その瞬間から「気」の流れは大幅に改善されるのである。

人に好かれようと無理しすぎていないだろうか。人と会ったあとにぐったりと疲れを覚えるようなら、かなり無理している証拠である。

もっと気楽に、オープンに、正直に人と付き合うようにしたほうがいい。そうすれば、自然のままの自分で人と付き合うことができるようになり、「気」の流れはグンと改善される。そして、しだいに周囲の人間と無理なく交じり合えるようになるものだ。

頭を入れ替えれば、人気が出る

Tさんは、若いに似合わずなかなかのやり手で、あるプロジェクトチームのリーダーに抜擢《ばってき》されたと喜んでいた。

ところが次に会ったときには、なんだか元気がない。

「おい、どうしたね？」と声をかけると、部下とコミュニケーションがうまくできない、と悩んでいた。

よくよく聞くと、コミュニケーションがうまくいかないために焦《あせ》って、しょっちゅう部下を怒鳴っては、後悔しているのだという。

「キミは自分中心にものを考えているからうまくいかないのだ」と指摘したところ、鼻をふくらませて「先生、それは違うと思います。私は、誰よりも部下のことを思っていますし、間違ったことを押しつけたこともないんです。自分中心だなんてとんでもありません」と言うではないか。

この答えを聞いて、私は呆れてしまった。「間違ったことを押しつけたことがないなんて、誰が決めたんだ。自分は自己中心的ではないと思い込んでいるみたいだが、それこそ、自分のスケールだけで、ものを見ていることを物語っているじゃないか」と、かんで含めるように話をした。

富士山を見たことがあるだろうか。

長く美しい裾野《すその》を持つ富士山だが、山梨県側から見た人は、なだらかな裾野というのに対して、静岡県の御殿場側から見た富士山には、中腹に、愛鷹山《あしたかやま》という、コブのような小さな山がついている。同じ山を見ていても、どちら側から見ているかで富士山の印象は大きく異なってしまうのである。

この富士山の例からもわかるように、同じ体験をしても、けっして自分の見方がすべてではない。実際に体験したことでさえ、自分の感想と相手の感想が一致しないことは多いのだ。

自分の体験や知識はすべて正しいという考え方をしている以上、部下だけじゃなく、上司ともコミュニケーションはうまくいかないのも当然だ。

なるべく相手の立場に立って考えてみよう。仮に、部下の立場に立ってみれば、「部下のことを思うからこそ」という上司の思い込みなんて、ただうっとうしいだけだとわかるはずだ。

どうしてもうまくいかないときは、部下ととことん話し合ってみること。それも、リーダーである自分のほうから、話す機会を持つようにすることをおすすめする。

道家の始祖、老子は、

「立場の強い人ほど、低い立場でいるべきだ」

と教えている。

それくらい謙虚になれば、部下のほうから自然に寄ってくるという意味なのだ。

人間はしょせん、一人では生きていくことができない動物だ。人間、一人でできることなどたかが知れている。

後輩や部下から信頼されたいと思ったら、まず、自分から謙虚に相手に近づき、相手の立場に立って聞いたり、考えたりすることだ。

そうすれば、「気」は自然に下流（謙虚な立場の者）に集まってきて、部下は自然についてくるようになる。「気」の流れを上手に操れる人間が成功するということだ。

明るい「気」のまわりには人が寄ってくる

プレイボーイと言われると、なんとなく評判がよくないようだ。しかし、私は、そうは思わない。

ちょっと軽いところはあるようだが、根は陽気で、案外、我執は少ないように見える人が多い。こういう人は、想像以上に「気」の流れがいいから、人生は案外うまく進むのではないかと思う。

人を引きつける人は、明るくなければダメだ。暗く、狭い心の持ち主はいきなり相手を拒絶してしまい、相手の「気」が流れ込んでくる前に、「気」の流れをさえぎってしまうからである。

最近の人気タレントは、二枚目というより三枚目系の人ばかりだ。女性のアイドルさえ、コメディアン的な才能があるバラドルのほうがずっと人気が出やすい。とにかく、明るさが、人気者に不可欠な条件になっているのだ。

だが、これも、自然界を見回してみればよく理解できる。植物でも動物でも、ほとんどすべてが、太陽の光で活力を得ていく。植物は太陽の光を受けて、炭酸同化作用を行い、生命体としての活動を維持していくのだ。花を見れば、植物にとってどれほど太陽が大切なものかがよくわかる。

先日も、わが家の近くの寺の境内で、つつじ祭りがあったので出かけてみたが、日当たりのよいところのつつじは一面、花でおおわれ、葉の緑はほとんど見えない。それに対し、日陰のつつじは緑の葉の間に、ポツンポツンと花が咲いている程度なのだ。花が咲くのには、日当たりが絶対的に必要なのだ。

動物を見ても、ライオンでもネコでも日当たりのいいところで、昼寝を楽しんでいるときがいちばんしあわせそうな顔をしているじゃないか。

人間にとっても日当たりは大事で、まったく太陽に当たらないと体内でビタミンDが不足し、足や骨が弱くなってしまう。

こんなふうに太陽の明るさに引かれるように、人は本能的に、明るさに引かれるのである。だから、人に好かれたいなら、まず、明るくなるように努力することだ。

ネアカという言葉もあるじゃないか。「明るい、暗いなんて、生まれつきの性格なんだからどうしようもない」と反論する人もあるかもしれない。

だが、そう思い込んでいること、それがすでに問題だということに気づいてほしい。人は、柔軟な考えを持たなければ、「気」の流れも滞ってしまう。「気」の流れが滞ってしまうと、よけいに暗く、重くなっていってしまうのだ。

笑うというのは、人間だけができることで、後天的に身につけるものだという。赤ん坊はあやすと笑う。このとき、母親も一緒にコロコロとよく笑うような人だと、赤ん坊もいっそうよく笑うようになり、明るい人になっていくのだそうだ。

もし、自分の性格があまり明るくないという自覚があるなら、朝、起きたとき、作り笑いでいいから、大きな声で「アハハハハ」と笑う習慣をつけるといい。初めのうちは作り笑いだったかもしれないが、そのうち、すぐに笑顔が浮かぶ、明るい人間に変わってくる。

これが大事なのである。自分の気を、「陰気」でなく、「陽気」にすることを考えてほしい。

「短気」は「損気」

どこにでもせっかちな人というのはいるものだ。だが、ほとんどの場合、せっかちな人は、職場でも学校でもいやがられやすい。

せっかちだとか、のろまだとかいうのは、生来、その人が持っているリズムのようなものである。このリズムは脈の速さと関係があると言われ、ある程度は生まれつきのものもある。

しかし、せっかちな人には、人のことを気にとめないマイペース人間が多い。あるいは、自分に自信がないので、相手の反応が出る前に、どんどん自分勝手に進めるという傾向も、せっかちに結びつく。

せっかちな人はたいてい、おしゃべりでもある。

おしゃべりな人の言っていることをテープにとって聞いてみるとよくわかるが、相手のことをほとんど気にかけず、自分の言いたいことだけを切れ目なくしゃべっていることに気づくだろう。

これでは、相手はいやになってしまい、気がついたときには、離れていってしまう。「あなたはせっかちだ」と一度でも人に言われたら、要注意だ。何かをするときは、いちばん最後からついていくぐらいの覚悟で、みなの行動に合わせるように習慣をつけたほうがいい。

まず、他人のリズムを見て覚え、そのリズムに自分も合わせていくことが大切。オリンピック選手でもない限り、普通の生活で一分一秒を争うことなど滅多にないはずだ。

それに、ゆったりとした生活リズムを身につけたほうが、あなた自身も落ちついた時間を持てるようになるものだ。

「おしゃべりだ」と言われた場合は、もっと要注意だと思ったほうがいい。

そういう場合はなるべく聞き手に回って、自分の意見は求められるまで、控えたほうがいい。

人間は自分の言いたいことを誰かに聞いてもらいたいのだ。聞き上手になって、相手の話に耳を傾けてあげれば、相手はそれだけで満足する。満足すればあなたに好感を持ち、あなたに向かって、よい「気」が流れ出すのである。「気を許す」というのは、このことだ。

道家の場合、早口は、とくに戒《いまし》めている。早口でしゃべると「気」がもれてしまい、「気」が弱ってしまうからだ。

現代人は、早口になっていく傾向があるので、むしろ、なるべくゆっくり話すように気をつけるぐらいでちょうどいいはずだ。

気力人間は戦わずに勝つことができる

人生には、実際に勝負を交《まじ》える前から勝ち負けのついていることがある。

格闘技などを見ていると、このことがよくわかる。ボクシングやプロレスなどでも試合前の選手紹介のときにファイト満々で、体からあふれるほどのパワーが、見ている我々にも伝わってくることがある。

こんなときは、たいてい相手のほうがパッとせず、はたせるかな試合でも、ゴング前のファイト満々の選手が一方的な勝利をおさめる。ファイト満々というのは、別の言い方をすると、気力が高まっていることを示す。

「あいつにはかなわない」

相手にこう思わせることとは、すなわち戦わずに勝ったということだ。

宮本武蔵は、自分より気力のすぐれた者とは戦わなかったと言われる。相手にすれば、武蔵と戦わずして勝った理屈になる。武蔵にとっては負けたことになるわけだが、

「負けるが勝ち」ということもある。とるに足らないものに自分の大切な精力をかたむける必要はない。

これは負け惜しみではない。学歴や家柄など、外見にこだわり、恐れをなして、小さく卑屈《ひくつ》になってしまったのでは、それこそ戦わずして負けてしまうのは目に見えている。武蔵はおのれよりも気力の勝《まさ》る者とは戦わなかったわけだが、逆に武蔵の名声に恐れをなし、剣を抜く前に武蔵に屈した兵法者も数多くいたに違いない。

「気」は、全身より発し、大きくふくらんでいくものだ。体格の大小には関係ない。その人間が大きくなって見える。自分に比べ相手が大きく見えるときは、相手の「気」が高まっていて、自分を圧倒しているときだ。

気力の大小は体の大小とは関係ない。プロレスラーや相撲取りと相対しても、必ず圧迫感を受けるとは限らない。

相手の「気」よりもこちらの「気」が勝っていれば、どんな大きな相手でも小さく見えるはずだ。

逆に自分よりひと回りもふた回りも小さい相手でも、自分をしのぐ「気」の持ち主だとしたら、その存在感に圧倒されてしまうだろう。

こんな話がある。ある創業社長の後継者と目《もく》される人が他人に社長の話をすると、大きな体格の人のように表現してしまうのが常だった。その話をいつも聞かされていた人が、社長の病気見舞いに行くことになった。常々、大きな人だと聞かされていたので、さぞかし立派な体格をしていると思っていたのだが、病床に横たわっていた社長は、普通の人よりも小柄だった。

部下は、いつも気力の充実した社長に接していたので、大きな人間としてのイメージが瞼《まぶた》に焼きついていた。そのため他人に社長を語るときに、自然に大きいイメージで話してしまっていた。しかし、病気で気力がなくなっていた社長は、よけい小さく見えたというわけだ。

中国に伝わる「気の武道家」などは牛ほどもある大男を、背後から小指でちょっとつついただけでよろけさせる力があるという。

「気力で勝つ」というのは、テクニックや小手先の芸ではない。「気」の迫力で圧倒して、相手に「これはダメだ」と思わせること、相手の戦意を失わせるということであり、まさに戦わずして勝つことなのである。

自分と相手の「気」の見比べ方

相手と自分との「気」の比較について説明しよう。自分の「気」が相手より勝《まさ》っているか否かを知る方法だ。

まず、握手した際、相手の手にふくらみがあってやわらかく、どことなくふんわりした手だったら、その人の「気」は充実している。

反対に、冷たくベタッと湿った手であれば、体にトラブルがあるため衰弱して気力が弱っていると言える。

「気」の状態は、ちょっとしたしぐさにもあらわれる。

歩くときや考え込むときなどに四六時中うつむきかげんの人の「気」は、消極的、内向的であり、やる気がない。

逆に、歩くときなどに胸を張っている人は、やる気満々の人だ。

うつむきかげんになると、どうしても肺を圧迫するため肺の機能が減退し、ますます「気」が滞って体を悪くする。胸を張っていると胸部が広がり、肺に新鮮な気が送られるため「気」のめぐりがどんどんよくなって体調は好調となり、「気」はますます盛んになっていく。

また、いつも腕組みをしている人は、「気」が衰えている人、とくに肺が弱い人と見ていい。

手の出し方一つにしても、「気」の様子がわかる。

気力盛んな人はパッと手の五指を開いて見せ、ピチピチとしている。

逆に、気力不足の人はおずおずと出し、手の指を力なくくっつけている。

というのも、指を開けば手の指のむくみもとれてなお一層の健康にも通じ、気力を高めることができる。指を開く人は、我執がなく、私心のない人なのだ。

常に自分の考えを己《おのれ》から離して考えられるし、だからこそ再び良い考え、物をつかむことができるのだ。

逆に、不健康で「気」の流れが悪い人は、五指を開きにくいし、指の力もなく、物を落としやすいし、事故を起こしかねない。

こういう人は我執の強い、自分の考えに固まった人で、目の前によいものがあっても、自分の思いや考えを捨てられないので、つかむことができず、寂しい人生を送るはめになるのだ。

自分で自分の「気」を知る方法もある。

朝起きて小水をするとき、小水に泡が立ったら、「気」が充実している。泡が立たなければ「気」が衰えている。

昔の武士や武道家たちは試合に臨む前に、必ず小水をして、自分の「気」の状態を見たものである。

「気」は、人物全体を見る指標である。

たとえば病気見舞いに行った際、病人が小さく見えたら、悪いほうに向かっていたり、死期が近づいたりしているものと見てよい。

したがって相手と相対した際、相手が大きく見えたなら、相手の「気」が自分より大きいと考えてよい。

そのような場合は睾丸も縮まっているので、引っ張ってやるとよい。「気」に活力が入るはずだ。

食事の際にも「気」の状態を知ることができる。

コップを持ったとき、小指がしっかりコップを握っていれば、「気」が充実しているということである。

逆に、小指がコップから離れて握っていなければ、衰弱していると見ていいだろう。

第二章
「気」がビジネスを左右する

仕事は「気」でこなすものだ

会社の受付に足を運んだ瞬間、私には、その会社の将来性が、すぐにわかる。伸び盛りの会社には、明るい「気」が満ちているからだ。どんなに立派なオフィスを構えていても、堅苦しい雰囲気が満ちているようではダメだ。

よく、とびきりの美人を受付においている会社があるが、こんな会社の社長の顔が見たいものだ。会社はミスコンの会場じゃないだろう。

ベンチャービジネスの中に驚異的な成長の会社が多いのは、社長もまだ若く、社内に明るくて自由な雰囲気が漂っているからなのだ。

不況に突入してから、私のところにも、ビジネス上の悩みを抱えてやってくる人が多くなった。

この間、相談を受けたある中堅化粧品メーカーの社長は、最近、ますます競争が激化して、厳しさが増すばかり。これからどうやって会社運営をしていったらいいのかわからない、と暗い表情をして訴えた。

ああ、これじゃダメだ。私には直感できた。

社長が暗い顔をしているようでは、社員の「気」も上がらない。仕事は「気」でこなすものなのだ。社員の「気」が上がらなければ会社に漂う「気」も滞《とどこお》ってしまい、すべてが裏目裏目に出るようになってしまう。

リスクという言葉がある。普通、なるべくリスクは避けようとするものだ。だが、「リスクのないチャンスはない」という言葉があることを知っているだろうか。石橋を叩《たた》いて渡ろうとするよりも、橋がかかっていないような谷でも、一気に飛び越えてしまうぐらいの「気」を持って取り組みたいものだ。

私は、この社長にしばらく私のところに通って、「気」を高める修行をするようにアドバイスした。

「気」の流れがよくなれば、橋のない谷を飛び越えるだけの気合いが備わるようになるだろう。

競争が厳しくて、とてもとても……、と重い声で話す中小企業のオーナーには、こんな話をした。弱肉強食は、自然界の掟《おきて》なのだ。弱い者が敗れ去るのは、自然なことで、なんとしてでも生き残りたければ、それなりの知恵を働かせるか、強い者を上回る「気」を持つようになるしかない。

「スターというのは、みんなの期待に応える存在。でもスーパースターの条件は、その期待を超えること」と語ったのは、あの長嶋茂雄氏である。

長嶋氏は勝負強いことで有名だった。その最たるものが一九五九年六月、昭和天皇を迎えた初の天覧試合（対阪神戦）だろう。長嶋はサヨナラホームランを放ち、巨人に勝利をもたらした。天覧試合でのサヨナラホームランなど、驚くべき「気」の持ち主である。

さらに、燃える男としても有名だった。

彼のポジションはサードだった。ところが、ショートの守備範囲に来たゴロなども、サーッとキャッチしてしまうのである。

このように自分の中で燃えてくるものこそ、「気」なのである。企業戦士や経営者にも、このくらいの気概をぜひ蓄えてほしいものだ。

本田宗一郎の絶妙な「気」のアップ術

仕事を成功させる根源的なパワーは、一にも二にも「やる気」である。

どんなに頭脳明晰《めいせき》でも、豊富な知識の持ち主であっても、やる気のない人間なら仕事には向かない。仕事とは、「気」の集成によって前進していくものだと言い換えてもいいくらいである。

「気」の大小や量は、人間の格まで決めてしまう。「気」が強い人は、ビジネス戦士としても強者になるのだ。

世界的な大企業にまで会社を育て上げたような経営者は例外なく、「気」の使い方がこのうえなく巧みだった。

アラスカではかつて、春が来ることを「ホンダ乗りが走り回る」と表現したそうだ。

ホンダという言葉がオートバイを意味する世界語になるほど、世界のオートバイ市場を席捲《せっけん》した。

ホンダはその後、四輪車部門にも進出し、大成功をおさめたが、その創立者の本田宗一郎氏には、こんなエピソードが残っている。

本田氏が本田技術研究所を設立したのは、戦争の火がようやく鎮《しず》まったころだった。補助エンジンつきの自転車の製造、販売を行っていたが、これは飛ぶように売れ、一九四八年には社名を本田技研工業と改め、本格的なオートバイの製造に乗り出したのである。

ところが、急成長をとげた本田技研工業では、社長の本田宗一郎氏が根っからの技術屋だったこともあり、高額な機械を海外から買い入れ、大きな借金をしていたのだ。

このとき（一九五四年）、本田氏がとったのは、なんと世間をあっと言わせるような「暴挙」だった。突然、世界のオートバイがしのぎをけずるレースにホンダも参加すると宣言したのである。

イギリスのマン島で行われるＴＴレースに出場するということは、それだけで、世界一流のオートバイである証拠になる。

しかし、当時の日本のオートバイは、世界のトップクラスに比較すれば、横綱に小学生が挑戦するようなものだった。

多大なお金がかかり、大借金を背負ったホンダにとっては、命取りにもなりかねなかった。

だが、本田氏は、まさに社運をかけてこのレースに挑戦した。「世界最高峰のレースに参加できるようなオートバイを作っているのだ」というムードが社内を興奮させた。社員一人一人のやる気を大いに高め、一流のオートバイメーカーのような「気」にさせてしまったのである。

起死回生の一発勝負にこめられた本田氏の「気」はものすごいものだった。それが社員一人一人に浸透していったのだ。

ＴＴレースに初めて参加したのは、出場宣言から五年後の一九五九年。

そして、その二年後、ホンダはＴＴレースの一二五ccクラス、二五〇ccクラスで一～五位を独占するという素晴らしい成績を残している。

これも、社内の「気」が一気に爆発し、次々と世界をリードするような技術を開発していった結果である。

自分と違った「気」を持っている人とコンビを組む

本田宗一郎氏の「気」の使い方をみると、もう一つ、重要なポイントがあることに気づく。

本田氏は根っからの技術屋で、いつでも「つなぎ（オーバーオール）」を着て、油まみれになって機械をいじっているのが好きだった。

しかし、本田氏には、藤沢武夫氏という、販売や金融の名人が、常に、そばにいたのである。

人にはそれぞれ得意、不得意がある。

話が上手なのだが、仕事はいまいち粗っぽく、ミスをしやすい人、仕事をさせたらていねいでピカ一なのだが、人付き合いが下手な人など、タイプはさまざまだ。

そこで、ほとんどの仕事は、おたがいの得意技、不得意技を組み合わせ、補い合う関係を作ることを考えるべきだ。

このとき、組んだ相手が自分と同じようなタイプでは、その関係にならないから、うまくいかない。

ところが、「類は友を呼ぶ」という言葉があるように、人はしばしば、自分と同類の人、同じような感覚、考え方の持ち主を相棒に選びがちなのである。

しかし、本田氏はみごとに自分の「気」と補い合う関係にある人を選び、おたがいにとって不足しがちな「気」を補い合って、成功への一筋道を進んだのだ。しかも、本田氏は、営業部門に関しては藤沢氏に任せると、どんな場合にも絶対に口をさしはさまなかったという。本田氏と藤沢氏の名コンビぶりはあまりにも有名で、多くの経営者の羨望《せんぼう》の的だった。

人間関係は凹と凸の組み合わせのほうがいい。これは、夫婦の間についても言えることなのだ。

似た者夫婦というが、「気」から言えば、夫婦は「似た者どうし」ではないほうが、結果的にはうまくいくことが多いものだ。

「気」の強い社員が、会社の「気」を強くする

本田宗一郎氏は小学校卒業だけの学歴で、ついにはデトロイトにある自動車博物館にその名を残すまでの成功をおさめた大経営者だ。その本田氏が尊敬していたのが、経営の神様と讃《たた》えられる松下幸之助氏である。

松下氏も小学校を出ると、でっち奉公に行き、やがて小さな電球工場を始めた。これが、のちに世界のナショナルとなった松下電器（現パナソニック）のスタートだった。

松下氏は、まだ会社がそれほど大きくならないうちは、社員募集の面接には必ず一人一人自分で立ち会い、さまざまな質問をした。そのとき、誰に対しても、最後にこう尋《たず》ねるのが習慣だったという。

「あなたはこれまでの人生、自分では運のいいほうだったと思っていますか？」

そして、この質問に対して「ハイ」と答えた人でなければ、ほかにどんなにすぐれ

たところがあっても、採用はしなかったという。運のいい人が集まれば運のいい会社になるというわけだ。

松下氏が、「気」に通じていたかどうかは知らないが、実はこれこそ、「気」の極意なのである。

気質という言葉があるように、「気」の強い弱いは、案外、生まれながらにその人に備わったものという一面を持っている。

さらに、「気」は「気」を連れてくることが多い。強い「気」の持ち主であれば、強い「気」を連れてくる。

松下氏が鋭い直観でとらえた、運のいい人間が集まれば、運のいい会社になるというのは、まさに、理にかなったことだったわけだ。

ミサワホームの社長などを歴任している三澤千代治《みさわちよじ》氏は常々、人事担当者に、

「必ず、社長よりすぐれた人を採用するように」

と言っているという。

すべての面で相手が社長よりすぐれていなければならないというのではなく、どこか一か所、よりすぐれていればいいのである。

初対面で人の名前を一発で覚えてしまう才能の持ち主。重いものを持たせたら、絶対！　という人、健康だけは自信があるという人……。三澤氏に言わせれば、社長よりすぐれた人間がいっぱいいいるような会社でなければ、ということを常に理想にしているそうだ。

なにごとでも、一点にすぐれた人間は、自分に自信を持っている。自信は、強い「気」を出す原動力のようなものなのだ。三澤氏のこの戦略は、「気」から見ても、実に的を射ているものなのだ。

「この会社には、社長の私が尊敬できる人間がたくさんいます。社員を尊敬できるというのはまことに気持ちがいいものです。おかげで私は安心して仕事を任せることができ、せいいっぱい社長業にはげむことができます」

と言っている。

良い「気」が集まれば、集団は強くなる。気のスーパーパワーというのは、こうして発揮されるのである。

「できる」人間の気をいただく

ビジネスでは「二匹目のどじょうを狙《ねら》え」などとよく言われる。これは「柳の下にいつもどじょうはいない」ということわざを転用した言葉である。どの業界でも、柳の下にはどじょうが二匹いると考えられているようだ。

この二匹目のどじょうとは、極論すれば「まね」をすることである。確かに、まねで成功するケースは少なくないようである。

古今東西を問わず、偉人の伝記は人気がある。その生き方から、たくさんの教訓を学べるものだ。そういう人を自分の心の中にいだいているかどうかで、人間は大きな支えを持てるのだろう。

ビジネスの世界で人気があるのが坂本龍馬だ。

激動の幕末を大胆な発想力と行動力で突き進んだ姿が、ビジネスマンの成功の目標になっているのだろう。

このように、具体的に憧《あこが》れの人物がいると、大きな目標になりやすい。目標とする人を選び、「その人のようになりたい」と言い聞かせる。これが、自分を大きく伸ばすことにつながるわけだ。

人間は誰でもまねをして大きくなっていく。「学ぶ」は「まねぶ」である。英語の学習などはその典型で、単語を覚えるときには、教師がまず発音の手本を示し、生徒はその手本に従って同様に発音する。

ある人間を自分の理想のモデルとするなら、その人間をどんどんまねして吸収していけばいい。

そして、吸収したものは消化する。それが完了したときに、自分の独創性を導き出せるわけである。

セールスマンの立場で売り上げを伸ばしたいなら、まず同業のトップ・セールスマンがどのような方法で売り上げを伸ばしているか、それをまねてみる。

「人のいいところをどんどん取り入れてみよう」という積極的な態度の第一歩が、まねであるが、これはできる人間の「気」をいただくということなのである。

大声は「気」の流れをよくする

テレビ局のアナウンサーは憧れの仕事とされている。

人気アナウンサーとして活躍したFさんの場合、実は放送界に入ったのはアナウンサーとしてではなかった。

Fさんは大阪出身。実家は裕福な医師だったそうだ。何不自由なく育ったのだが、子どものころから心臓の持病があり、大事な進学期にも十分な受験勉強ができず、希望の大学には入れなかった。そして、大学入学とともに東京で一人暮らしを始めることになった。

同級生たちに負けたくない。将来はマスコミで働きたいという希望を持っていて、大学入学と同時に、いくつかのテレビ局や新聞社に手紙を書き、

「将来のためにぜひマスコミの現場でアルバイトをしたい」

という希望を伝えた。

この手紙に応えてくれたのが日本テレビだったという。

Fさんは日本テレビの報道局で、大学の四年間、毎朝四時から八時まで、アルバイトをし続けたという。そして、四年生のとき、正式に試験を受けて超難関を突破し、晴れてテレビの報道記者となったのだった。

ところが、記者生活を始めて何年かたったとき、報道記者を画面に登場させてレポートさせるという企画が生まれた。このとき、報道部長の推薦でその役に抜擢《ばってき》されたのである。

これはFさん自身が語っているのだが、

「私はルックスもよくない。背がスラリと高いわけでもない。なぜ、この私が画面に登場する役回りに推薦されたのだろうか？　とても疑問だった」

そこで、この疑問を報道部長にぶつけてみた。

すると、返ってきた答えは、「お前は声がデカい」ということだった。そして、思いきり活動するアナウンサーとして人気が出たのだった。

声がデカい。これは「気」の流れがとてもいいことを物語る、いちばん確かな目安なのだ。

くぐもった声でボソボソ話すような人は自信に乏しく、「気」も少なく弱い。昔から、声の大きな人は出世するというが、それは当たっている。

もっとも、Fさんの声がデカくなったのは、中学校時代から夢中になっていた演劇部のトレーニングのおかげらしい。

声は訓練しだいで、大きくすることができる。大きな声を出すには、腹式呼吸を身につけ、腹の底から声を出すに限る。実はこれが期せずして、「気」を強くする「導引術」にかなった方法なのである。

「気」は人体では、へその奥にある丹田《たんでん》というところにたまる。腹式呼吸では、この丹田から声を出すため、声に「気」がみなぎっているのである。

デカい声の持ち主に強運の人が多いのは、この声にみなぎった「気」が仕事の困難を切り開き、さらに強い「気」を呼び込んでいくからだ。

「どうも、自分の運はいまいちだ」と感じている人は、カラオケボックスに通うのもいいが、最も効果的なのは、私が創立した道家道学院へ通って、「気」の武術の稽古をすることだ。声が磨かれてよく通る「気」のある聞きやすい声になるだけでなく、健康にも効果的なので、当然張りがあり声量のある良い声になること請け合いである。

そうなれば、しめたものだ。仕事にもツキが回ってきて、だんだんいい結果が出るようになってくる。

「大きく声を出して、いつもニコニコしていれば、たいていのことはうまくいく」というのは、「アサヒ・スーパードライ」の成功によってシェアを大きく伸ばしたアサヒビール社長の樋口廣太郎氏の言葉だ。

まさに、「気」のある大きな声の効力を実践した言葉ではないか。

器量とは「気の量」の大きさである

すぐれた人のことを「器量の大きな人」と表現することがある。

ここで言う器量とは、すなわち「気量」、その人が持っている「気」のパワーを指している。

自然界に存在するものすべてに「気」がある。

つまり、すべてのものに決まった「気」の量、器量が備わっているのである。この器量を超えて何かをしようとすると、当然、無理になる。庭に池がある人なら、わかってもらえるだろう。庭の池の大きさによって、そこに棲《す》むことができる魚の数が決まってくる。

不思議なのは、もし八匹しか棲めない池に魚を一〇匹入れると、二匹が自然死するのではなく、食い殺されてしまうことがあるという事実である。

魚たちは、いったい、どうしてその池は八匹しか魚が棲めないことを知っているのだろうか。

弱肉強食で、弱い魚が食べられてしまったというなら、生き残る魚がその池に棲める魚の適正数におさまることが説明できない。

魚たちが、池の「気」の量をちゃんと知っているのは、それこそ自然の摂理というものだろう。

北欧に住んでいるレミングというネズミの一種は、別名タビネズミと呼ばれている。レミングは時々、異常なほど大量に発生することがあるのだが、大量発生すると突然群れを作ってまっすぐ西へ西へと突き進んでいく。そして、ついには半島を横切って西海岸まで進み続け、断崖まで来ると、次々と身を投げるように海に落ちて死んでしまうのだ。

死の旅をするところから、タビネズミと名づけられたのだろう。

そして、ごくわずかに生き残った個体だけが、またもとの地方に戻っていき、再び繁殖を始めるのである。

動物たちが察知する「気」の一定量の枠を、「気領」と呼ぶことがあるが、このタビネズミの現象も、本能的に気領を感知する能力があることを実証するものと言っていいだろう。

会社についても、気領と同じ現象がよく見られる。

いくら優秀な人間でも、気領を超えて人がたくさんいれば、弾《はじ》き出され、放り出されてしまう。

あちこちの会社がやっているリストラは、気領を超えた魚を食い殺すような作業だと言えるかもしれない。

リストラに成功した企業が、それまでの苦境から脱して、みるみる活性を取り戻すのはそうした事情からなのだ。

日本企業は、長いこと温情的な人事をやってきたため、「気領を超えている」とわかっていても、なかなかクビを切らない。

だが、池の魚でさえ、気領に応じた生き方を選ぶのである。過剰な人間を抱えていると、やがてはその部署全体の気が薄められ、弱ってきてしまう。各部分の「気」が弱れば、しだいに会社全体の「気」も弱まっていく。

「気領外人間」が何人いるのか。

つまり、会社の「気」の量を超えた人がどのくらいいるのか。

それを察知して、「気」の量に応じた適正サイズを守るのは、経営幹部の最も大事な仕事の一つだといってよいだろう。

とはいっても、食い殺される魚、つまり、リストラの対象になり肩を叩《たた》かれる当人は大変だ。

そうならないためには、あなた自身が、部内でも指折りというような「気」の持ち主になることだ。「気」の持ち主とは、いわく言いがたい存在感のある人ということができる。

頭がよいとか、まじめだということはむろん無視できないが、それ以上にモノを言うのは、なんだかアイツにはかなわない、と相手に思い込ませるだけの「気」を、あなた自身が持つことだ。

周囲の人にそれを実感させるのは、その人の「気」の量がどれほど大きいか、強いかにかかっているのだ。

「トップをとる」と考えると、かえって「気」が滞る

偉大な仕事を成しとげた人の伝記を読むと、必ず共通した事実にぶつかる。それはマイペースで進む点と、中途を省略しないという点である。険しい山を極めるには、最初からゆっくりと一歩ずつ歩かなければならないのと同じと思っていい。

ゆっくりと、しかも着実に物事を行うのは、成功のための鉄則なのだ。「千里の道も一歩から」のたとえどおり、わずかな向上でも、向上したという実績がもたらす効果は大きい。

ビジネスでいい成績をあげようとする場合も、着実に駒を進めることが大切だ。この場合、「課内でトップをとる」などと考えずに、「上位グループに入る」と考えるのが、結果的にいい成果をあげるコツだ。というのは、トップという大目標をいきなり目指すより、それにつながる小さな目標をきっちり達成していくことが、自信を

生み、能力を高めていくからである。

もう少しわかりやすくいうと、トップという大きな目標は負担が大きすぎて、いつもそのことが頭から離れなくなり、その目標に圧倒されてしまう。つまり、大きすぎる目標に「気」が押さえ込まれ、「気」が滞るはめになるのである。

ところが世間を見ると、自分自身にいきなり大目標を背負わせて、その目標と現実のギャップに自信をなくしたり、つまらない焦燥感《しょうそうかん》にかられている人が多い。これはビジネスに限らず試験でも同じだろう。初めからトップをとるのは難しいだけでなく、トップをとらなければならないとばかり考えていると、それが勉強の負担になってくるだろう。

もう少し気楽に構えて、「トップをとる」ではなく、「上位グループに入る」と自分に言い聞かせ、「気」の流れを盛んにしてやることだ。

日ごろから、「上位グループに入る」と繰り返し唱えることで、自分で気がつかなかった能力が解放され、トップグループに入り、さらにはトップへと押し進めてくれるのである。

小さな目標を一つずつ成しとげると自信がつく。そして、長時間かけて、人生の目標に向かって進み続けるのがいい。

「気」を滞らせることなく、「気」の流れをよくして、一歩ずつ階段を踏みながら目標に向かっていくことだ。

皮肉を言うのは弱気人間

周囲を見回すと、劣等感に悩まされている人が実に多い。しかも、他人から見ると何でもないことでクヨクヨ悩んでいるケースが目立つ。

スポーツが苦手、髪が癖毛《くせげ》、希望の職場に入れないなど、きりがないくらい劣等感の原因はあるようだ。

よく、劣等感はプライドの裏返しだと言われる。そこで、劣等感があると、他人にそれを気づかれないようにふるまおうとする。そのため、逆に、くだらないことをやたらと自慢したがったりするわけである。

もし、そんな人がいたら、何か大きな劣等感をいだいている人だろう。

劣等感から逃げてはダメだ。正面からぶつかっていくことこそ大切なのだ。

もし、ゴルフはできるがテニスはできないというのなら、テニスができそうにふるまうのはやめなさい。

テニスはできなくてもゴルフはうまい。この現実をそのままに受け入れればいい。テニスもゴルフもダメでも、スキーがうまいなら、それでもいい。何もスポーツに限らない。カラオケでも釣りでもかまわない。

自分ができないことや知らないことに対して、「できない」「知らない」と正直に話せる人こそ器の大きい人だ。

黙っていればバレることもないし、もしかしたらできると思ってくれるのではないかと考える人も多いが、これは、ほめられたことではない。「知らない」「できない」とはっきり言ってしまうこと。それができれば、つまらぬ劣等感はどこかへ消え、心は本当に楽になる。

皮肉屋というのも劣等感の裏返しと言える。ビジネスの世界では、同僚や上司に対して皮肉ばかり言う人がいる。よく観察してみると、こういうタイプは攻撃性が強く、実力を誇示したがる。

ところが、たいていの場合、実力が伴《ともな》っていないので、人からは軽く見られがちだ。そのため、劣等感がいっそう増し、またまた皮肉を重ねてしまうという悪循環を繰り返している。

また、派手な服装で目立ちたいというのも、これらと同じ意識の上にあると言える。たとえばサングラスがそうだ。

はっきり言って、サングラスをかけたがる人は、自分の表情や本性を知られたくないという気持ちが強い小心者だ。気力が弱く、相手の視線に耐えられないので、それを隠すためにサングラスをかけるのだ。

また、小心な人は、顔を下に向けていることが多いので、肺に悪い「気」がたまりやすく、内向的になりがちと言える。

声もぼそぼそと小さく、気持ちもこせこせしているので、他人にはいつもおどおどしているように思われてしまう。このタイプの人は実力があっても、自分の思っていることをはっきり主張しないから、いつも相手に誤解されたり、なんとなく損な役割ばかりさせられたりするようになる。

サングラスで他人と境界線を作るよりも、自分の気力を高めるほうが、人間関係を円滑にする秘訣と言える。

人のいやがることを言いがちな人は、「気」の量に注意すること

世の中には、人がいやがることをわざとやったり言ったりして、相手を困らせる人がいる。

もしあなたにこんな傾向があったら要注意だ。「私にはそんな癖はない」とはっきり言いきれるかどうか、それは自分だけが知っているはずである。

この癖は、ほとんどが欲求不満からきている。そして欲求不満は、多かれ少なかれストレスが原因だ。

こういう人を見ていると、必ずと言っていいほどイライラとし、心が定まらない。イライラしている自分に腹を立てて、よけいにイライラをつのらせている。こうした悪循環を繰り返している限り、ストレスからはのがれられない。

以前に、このようなイライラタイプの営業マンが来たことがある。そこで次のような質問をした。

「あなたはどうしてイライラしているのか、イライラの原因は何なのだ」

これに対して返ってきた答えは、「仕事や人間関係が自分の思うとおりにならないのです」というものだった。

これはイライラしている人に共通した答えだ。そこで続けてこう聞いてみた。

「それでは、自分自身、あなたの思うとおりになるのですか」

このちょっとした質問で、たいていの人はイライラが不思議と鎮《しず》まってしまう。

というのも、

「自分さえ思うとおりにならないというのに、ましてや他人や仕事が自分の思うとおりにならないのは当たり前なんだ」

という単純なことに気づくからである。

これは、あきらめるということとは根本的に違っている。自分の心の持ち方を変えることにより、無意味なストレスから自分を解放するのだから、一種の悟りと言えるだろう。

また、イライラするというのは、気力が弱まっているから起こることなので、イライラしそうになったときこそ気力を集中してストレスにおちいらないようにするのが重要なポイントになる。

人のいやがることを口にしてストレスを発散させるよりも、自分の心の持ち方を変えて、イライラから遠ざかるようにすることを考えよう。いつまでも一つのことにこだわっていると、思いどおりにならない悔しさからなかなか離れることができず、ますます気力は低下するだけと思ってほしい。

一流品には一流の「気」が備わっている

「気」は、この世の中にあるすべてのものに内在している。もちろん、物にも「気」は存在する。骨董屋《こっとうや》の修業法を知っているだろうか。昔は小僧といって、小学校を出たばかりの子どもが見習いの修業を始めたものだが、骨董屋の場合は、とにかく、わかってもわからなくてもいいから、本物だけを見続けることが修業だった。

素人考えでは、本物とにせものを見くらべるほうがいいように思うのだが、骨董屋に言わせると、本物には本物だけが持つ気配があるらしい。この気配を感じ取れるようになることこそ最も大事な修業だというのだ。

フランスのルーブル美術館でも、かつて、館員は元貴族の子弟か、同じく元貴族の使用人の子弟に限られていたとか。その理由は、貴族の館で育った人間は、子どものころから、絵画、彫刻、家具などの美術品、骨董品などすべて本物だけに囲まれて育ってきており、本物のアートが発する、ある種の「気」を感じ取れるようになっているからだというのだ。

洋の東西を問わず、本物の「気」を感知できるようになるには、できるだけたくさんの本物を見て、実際に「気」を感じることが大事だと教えているところが興味深い。

一流品には、侵しがたい雰囲気があるものだ。この侵しがたい雰囲気こそ、一流のものだけが持つ「気」なのである。この「気」は、一流のものに接していると、だんだんに乗り移ってくる。したがって、一流の人間になりたかったらできるだけ本物と接し、本物を身につけることをおすすめしたい。

ある大手の流通グループの社長は、常々、社員に、「一流のものに触れなさい」と教えている。一流の人と出会い、一流のホテルに出入りし、絵を見るなら一流のアーティストの絵を、音楽を聴くなら一流の演奏家のものを、本を読むなら、一流の作家のものを、というわけである。

そうはいっても、自分の立場では一流の人物になど、そんなに会う機会がない、と反論があるかもしれない。そんなことはない。機会は自分で作ればいいのだ。

多少、会費はかかるかもしれないが、一流の先生を迎えた講演会があれば、積極的に足を運んでみよう。講演会には質疑応答の時間が用意されているから、そうした時間を生かして、自分の意見をぶつけてみる。一流の人があなたに向かって答えてくれる。実は、この瞬間に、一流の「気」があなたに向かって流れてくるのだ。

ホテルは一流だろうと、特級だろうと、ロビー空間は誰でも入れ、むろん、料金もかからない。だが、出入りしている人はある程度の品格を持っているから、暗黙のうちに、その品格に合わせた服装や立ち居振る舞いを要求される。そうした人がかもし出す「気」は、あなたにちゃんと影響を与えるはずだ。

ついでに紹介すれば、前出の社長は、部下を取締役に任命すると、「明日からは服装を変えてください」とひとことつけ加えていたそうだ。服装を変える、つまり、取締役にふさわしい、一流の仕立ての服を着てほしいというわけだ。ワイシャツも毎朝きちんとアイロンのかかったものを、ネクタイもブランド品であるかどうかは別としても、品のいい、磨かれたセンスの持ち主であることを示すようなものをつけてほしい、と言うのである。

この社長は、見てくれを取りつくろうようにという意味でこう言っているのではない。あるポストにつくからには、そのポストにふさわしい、「気」を発する服装をしてほしいというわけなのだ。「馬子《まご》にも衣裳」という言葉がある。欧米では、「衣装はその人を作る」という。着るものが発する「気」が、その人にふさわしい「気」を補う場合は少なくないのだ。

寺の僧侶、相撲界、歌舞伎の世界など、格式と伝統のある世界では、位や経験によって着るものの色、形などに厳しい決まりがある。日本ばかりでなく外国でも、教会の僧侶、大学教授、医師、看護師など、ガウンや帽子の形など、位によって、身につけるものが決められているケースは少なくない。

位が上がり、その位に許されたガウンや帽子、衣装を身につけるようになれば、その位にふさわしい「気」を身につけることができる場合が少なくないからだ。

女性なら、服装が性格や人格にまで影響を与えるということを、実感を持ってわかっていただけるだろう。着物を着るとなんとなくおしとやかになり、言葉づかいまでしおらしくなるものだし、反対にジーンズをはくと、態度もてきぱきと行動的になったりする。着るものの「気」が、着る人の「気」に働きかけるからである。

サラリーマンにもそれは言える。なにも高価なものでなければならないということではない。隅々まできちんと気配りの行き届いた服装をしていれば、服装にこめられた「気」があなたの行動に影響を与え、仕事にもそれが反映されていくはずなのだ。

好きなものに突き進めば「嫌気《いやけ》」がささない

名もない青年が巨万の富を手にするようになる……。歴史の浅いアメリカでは社会が硬化していなかったため、こんなドラマがいくつも誕生し、アメリカンドリームと呼ばれたものだ。

戦前のアメリカンドリームのヒーローと言えば、主に南部の石油成り金だった。ある日、自分の畑の隅から石油が吹き出し、一夜にして億万長者になると筋書きが決まっていた。

ところが、アメリカンドリームのヒーローも大きく変わってきた。たとえば、近年、アメリカで一、二のゴールデンボーイは、なんといってもマイクロソフト社のビル・ゲイツだろう。

彼は高校在学中から、コンピュータいじりが大好きだった。大学時代、ふと思いついたソフトを商品化したいと考え、大学を中退すると、高校時代の友人と一緒にマイクロソフト社を設立したという。

その後の急発展ぶりは世界的に知られているが、一九九〇年、マイクロソフト社が開発した「ウインドウズ３・０」が一万本の売り上げを達成。その後、驚異的な売り上げで、コンピュータ界の巨人ＩＢＭを抜いて、パソコン業界のナンバーワンとなり、ついに世界制覇を成しとげたのである。

ビル・ゲイツの収入は天文学的なものとなり、アメリカンドリームというより、宇宙的ドリームと言いたいほどの大成功をおさめている。

コンピュータ業界という、ベンチャービジネスが生まれやすい業界だったことも幸いしたが、ビル・ゲイツの成功のカギは、とにかくコンピュータをさわっているのが大好きだったの一言に尽きるだろう。

好きなものに接していると、楽しいし、心地がいい。こういう状態だと「気」の流れが最高になり、自分が持っている能力は最大限、発揮できるようになる。

しかも、よい「気」は、さらによい「気」を呼ぶという作用があるから、仕事はどんどん上り調子になる。

昔から日本でも、「好きこそ、ものの上手なれ」と言ったものだ。

今やっている仕事が本当に好きな仕事かどうか、あなたは考えてみたことがあるだろうか。「ちっとも好きな仕事じゃないけど、この不況の折り、辞めるわけにもいかないし」と考えているなら、なんとか今の仕事の中で、自分が好きになれる側面を見つけることだ。

仕事にはさまざまな面がある。考え方を変えるだけで、好きになれる側面は必ず発見できるはずである。

いくら考えても、ひっくり返しても、好きになれないという仕事なら、不況だろうとなんだろうと、さっさと辞めるべきだ。そして、どんなに苦しい道でも、自分の好きな道を歩み始めるべきなのだ。

好きな道なら、はげんでいるうちに、しだいによい「気」がタップリたまって、必ず道は開かれていく。有名になるとか、リッチになるとか、いわゆる社会的な成功まではいたらなくても、「好きなことで飯が食えた」という満足感は、はかり知れないほど深いものだ。

こうした「気」の微妙なポイントも見逃してはいけないだろう。

「気」は、くるくる変わってもいい

日本人はとかく、「〇〇一筋」「生涯〇〇」という言葉に弱い。一生、一つのことに打ち込むというのは立派なことだ。だが、思い込んだら百年目じゃあるまいし、人間、そのときそのときで、これだ！ と思うことが変わっても少しもおかしくない。時代は時々刻々《じじこっこく》と動いているのである。

あるいは、長い一生を通じて、これだ！ と思うことが変わらないほうがおかしい、と言ってもいいかもしれない。

京セラの稲盛和夫氏は、もとは小さな特殊磁器の会社の社員だった。だが、あるとき、「これからは電子時代だ」と思うようになり、会社を辞めて小さな電子部品の会社をスタートさせ、ついには今日の規模にまで、京セラを育て上げてきたのである。時代が変われば、人の興味や、主流になる産業も変わっていくのだ。稲盛氏の成功のカギは時代の「気」が変わったことをいち早く感じとった、勘の冴えにあったと言えるだろう。

時代の変遷《へんせん》がめまぐるしくなったこともあるだろうが、最近のし上がってきた若手経営者はとくに、パッパッと変身する。かえって、その変身ぶりを自分のプライドにしているくらいなのである。

人材派遣業最大手のパソナを率いる経営者・南部靖之氏は、大学を出てすぐに会社を設立したが、会社の名をすでに何回も変えている。主だったものだけでも、マンパワーセンター、次はテンポラリーセンター、そしてパソナ。

この名前の変更には、それぞれの時代の「気」を鋭敏にとらえた南部氏の「気」の冴えが反映されていると見るべきだろう。

さらに南部氏は、いくつもの会社をつぶしてきたことを誇らしげに語る異色経営者である。二〇以上の会社を作ってはつぶし、つぶしては作ってきた。若い女性のランチを配る会社、アジアからランの花を空輸して宅配する会社など、数え上げればきりがない。

だが、南部氏は、社員からのアイディアを次々と汲《く》み上げ、さらに新しい会社を作り続ける姿勢を崩《くず》してはいない。「新しいものを作ろうという気概を失ってしまったら、会社は終わりだ」という信条を持っているからだ。

私は、女ではないので、産みの苦しみはわからないが、女性がお産をするときにいきむ力は相当なものがある。

出産経験のある人に聞くと、火事場の馬鹿力というが、子どもを産む力は、そんなものではない。あとで考えると、よくもあれだけ力が出たと。われながら感心するぐらいの力を必要とするのだそうだ。

だが、新しい生命を生み出したい一心で、思わぬほど「気」が高まってきて、想像をはるかに超えた難事業を成しとげてしまうのである。

企業を生み出すパワーも、出産に通じるものがある。

なにごとによらず、新しい何かを始めようとするときには、全身全霊の力をこめるものである。「気」をため込み、一気に発する。そのときに、これまでにない大きな力が発揮できるのだ。

南部氏が次々と会社を作るのは、「気」の高まりを大切にしたいという思いからに違いない。

「間違ったら、やめればいいのさ」という柔軟な考え方も、南部氏の成功のポイントと言えるだろう。

「○○一筋」というような考え方は一見立派なようだが、考えようによっては、動脈硬化的なところも感じられる。

何度も繰り返すようだが、頭が固いと「気」の流れは滞ってしまう。頭を柔らかくし、心をオープンにする。これが、「気」を最も流れやすくする条件なのである。

南部氏の経営哲学は、

「バランスシートなんてどうでもいい。社内が生き生きしていれば、それでいい」

というのだそうだ。

社内が生き生きしている、ということは、社内の「気」の流れが強く、滞りなく、力に満ちているということだ。そうなれば、必ず社業が盛んになり、儲かるのだ。

最初から儲けることを目的とするより、そのほうがずっと結果的には大きく儲かるはずである。

仕事に行き詰まったら、早朝の「気」を取り入れる

「気」は、朝のほうがずっと豊富に流れている。

昔は重役出勤と言えば、朝、ゆっくり起きて、それから迎えの車に乗り込んで、会社に向かうことを言ったものだ。

だが、シビアな企業サバイバル戦争の時代に、そんな悠長なことをやっていたら、たちまち経営が行き詰まってしまう。

しかし、人間は知らず知らず、自然界の知恵を身につけているものだ。最近は、ほとんどの会社で、重役たちは朝早く出勤し、早朝会議を開いている。これは、実に「気」の理論にかなった方法なのだ。

朝は、まだ汚れていない、清々《すがすが》しい「気」がいっぱいに満ちている。こうした「気」を取り入れながら会議をすれば、少々の苦境ぐらい、なんということはない。必ず、苦境を乗り越える知恵が出てくるものだ。

ある有名社長は、毎日早朝、それも四時ぐらいに起きて座禅を組み、静かに瞑想《めいそう》にふけるのだそうだ。

この間とくに何かを考えているわけではないが、一五分か二〇分ほど瞑想にふけっていると、さまざまな課題に対する答えがサーッと頭に浮かんでくる。すると、すぐに電話で連絡をとり、重要事項を決定していく。

早朝の最も「気」が冴えわたっているときに下す結論だから、結果的に常にベストの結論を出してきたことになる。

「オレはまだ下っぱのサラリーマンなんだから、重役だの、幹部クラスだのには関係ないよ」なんて言うようでは、あなたの将来は知れたものだ。この話には、貴重なヒントが隠されていることを察知してほしい。

早朝の「気」を取り入れ、自分の「気」の質を高めるように努力をすることが大切なのだ。

「四時起きなんてとんでもない。午前四時ぐらいにベッドに入ることはしょっちゅうあるけどね」なんてうそぶいているようでは、ちょっと見込みはない。

一般に若い世代は、宵《よい》っ張《ぱ》りの朝寝坊。でも、朝、弱いことが若い証拠、なんて思い違いをしてないだろうか。ギリギリまでベッドにしがみついていて、キヨスクで牛乳一本飲んで出勤、なんていうようでは、せっかくの朝の「気」を取り入れる余裕もないわけだ。

せめて、一時間早く起きてみよう。

できれば、家の周囲を一五分ぐらい散歩し、ゆったり朝食をとってから、余裕のある気持ちで出勤する。

ほんの一五分早く家を出ただけで、通勤ラッシュのピークをかわすことができる。通勤だって、ウソのように楽になる。

深夜のゲームなどを控えて、さっさとベッドに入り、一時間、早起きする。そして、朝の「気」を十分に取り入れてから、仕事を始めることだ。

ダメ社員のレッテルを張られそうになっていた人が、早起きの習慣をつけて一年もたつと、会社の将来を背負って立つようなビッグプロジェクトに抜擢される。私はこれまで、そんな例をいくつも見てきている。

朝の「気」のパワーをしっかり利用したいものだ。

朝の気合いが一日を決める

都心に出たときに、ラッシュアワーの電車に乗ることがある。

身動きもとれないほどの車内で、うんざりした顔のサラリーマンやＯＬの中にあって、いきいきと明るい顔をした人が一人や二人いるものだ。

混雑する車内もなんのその、はつらつとしたさわやかな表情をしている。表情にしまりがあるが、その源《みなもと》は気力が充実しているからにほかならない。

気力が充実しているときは、いい表情をもたらすだけではない。

動作も無駄がなく、なめらかで、人をひきつけずにはいない。その気力が相手に伝わるからだ。

気力が充実しているときの人の行動は、前しか見ないものだ。それこそわき目もふらず一生懸命で、周囲の人の目、ましてや過去にとらわれることはない。

気力が充実しているときというのはどんなときか。ごく簡単に言えば「乗っている」

ときの気分と言えよう。

あなた自身、調子がよく乗っているときのことを思い出してみよう。行動も心も前へ前へと進んでおり、わき道にそれたり、後ろに戻ったりすることなどなかったはずだ。

また、他人から見てかっこいいかどうか、などということは考えもしなかったはずだ。周囲の目を気にし始めたときには、気力が失せ始めている。つまり「乗り」が悪くなってきた証拠である。気力の充実した人というのは、この「乗っている状態」が常に続いている人をいう。気力にあふれ、充実感を持って毎日を送っている、そういう人が他人をもひきつけるのだ。

どんな人でも「乗り」のいいときはある。

しかし、それが長続きしないのが普通の人なのだ。乗れるステージが整ったときには張りきるが、そうでないときは可でも不可でもない宙ぶらりんの状態にあるのがほとんどだ。

あるいは、ちょっとのことですぐに落ち込んでしまう。いったん落ち込むとなかなか立ち直れない。

そのうちに、「落ち込んでいる自分が本当の自分なのだ」などと思い込んでしまい、いつまでもそこから抜け出ようとしなくなる。自分が落ち込んでいるのは周囲の状況が悪いからで、それが改善されない限りはどうしようもないなどと、とんでもないことを考え始める。

どんな人間でも大きなショックや手ひどい失敗をすればガックリくるし、一瞬にして気力は失せるだろう。

そのときいかに素早く立ち直れるか、気力を充実させることができるかが問題なのだ。そのためには、気力の充実しているときに自分はどういう状態だったか、その状態にいかにして戻るか、それを考え、実践することで身につくものである。

自分の気力がどんな状態にあるかを知る簡単な方法として、朝の目覚めの状態から知る方法がある。

これは、目覚めに充実感があるかどうかでわかる。たとえば、「朝マラ」がある。あるいは、大きな声を出したい、しゃべりたい、足踏みしたいなど、体を動かしたい欲求にかられることでもわかる。

つまり、体の中から湧《わ》き出るようなパワーに満ちているときは「気」の充実があると考えていい。

逆に、なんとなくかったるい、動くのも億劫《おっくう》、声を出したくない、気分が沈む、会社に行きたくないなど、消極的な態度のときは「気」に充実がない証拠である。

明治維新の立役者として知られる西郷隆盛。彼はパワーあふれるスケールの大きな人物として、他の追従を許さなかったと言われ、その気力は表情にまであらわれ、会う人はみな敬意を表せざるをえなかったと伝えられている。

維新前に実際に彼に会ったイギリス人アーネスト・サトウは、その滞日日誌の中で、

「キチノスケ・サイゴーの目は、まるで大きなダイヤのように光っていた」

と記している。

その吉之助こと西郷隆盛は、朝、目が覚めると、「エイヤッ！」とかけ声をかけて起きたと言われている。

このように、かけ声をかけて起きるのは大きな意味がある。人間誰でも前夜遅くまで仕事をしていたり、付き合いで飲みすぎたりした朝は、きつい音の目覚まし時計でも、なかなか起きられるものではない。

「あと五分」「あと三分」と、ぼんやり時計を見ながらついつい眠りこけてしまい、と

うとう遅刻してしまったりするものだ。

しかし、実業界には早朝型で成功した人が多い。

「財界の怪物」小佐野賢治氏も、「早起きは三文の徳」を実践した人である。小佐野氏は、朝六時には起きて七時半には出社し、社員の出勤前にその日のスケジュールを組んでいたという。

さらに、住友金属の日向方斉《ひゅうがほうさい》氏、三井不動産の江戸英雄氏なども、前夜、どんなに遅く帰宅しても、翌朝は九時前には出社していた。

ぼんやりと眠気の覚めやらぬ状態を払い消すためにも、「エイヤッ！」という気合いの入った朝起きは、効果がある。

一年の計が元旦にあるように、一日の計は早朝にある。

まさか、早朝マラソンなどは無理としても、「エイヤッ！」という気合いの入った朝起きは、それほど無理なく実行できる。「気」の科学の点からも、大いにすすめられるものである。

逆転の「気」を見抜け

宮本武蔵と佐々木小次郎はどっちが強かったか?

歴史に残る巌流島の一戦では武蔵が勝ったのだから、武蔵のほうが強かったと答えるべきなのだろうが、私の見るところ、実力では小次郎のほうが上だったのではないかと思う。

それどころか、小次郎のほうが「気」も勝《まさ》っていて、武蔵は「こいつにはかなわない」と直観的に悟っていたところがある。武蔵は自分より気力が勝る者とは戦わずにいた(82ページ参照)。しかし、小次郎との決戦は避けられない。

だからこそ、わざと試合の刻限に遅れていき、相手の調子を狂わせ、その乱れをついて、一瞬のうちに勝負に出たのではないか。

「気をそぐ」という言葉があるが、武蔵は「気」の駆け引きがうまかった。相手の「気」のピークをはずす一方、自分はゆったりと仕度をして、「気」を充実させ、完璧《かんぺき》なコンディションで試合に臨んだのである。

これでは、戦う前からすでに勝負あったも同然だ。

だが、武蔵が選んだ戦法は、道家でもしばしば教えている「気」の駆け引き法を上手に利用している。

人間にはどう見ても、相手のほうが一枚上手という場合がある。なんとはなしに「あいつにはかなわない」と感じられる相手がいるのだ。

そんな相手にもろにぶつかって、勝負をしかけるほうがバカなのだ。どう見てもかないそうもなかったら、最初から勝負に出ないほうがいい。

しかし、やむをえず勝負するときは、「気」の駆け引きを巧みに行い、相手の「気」のピークをはずして勝負するのである。

もっとも、ビジネスの場では、武蔵の戦術、つまり遅刻作戦はマナー違反。それどころかあなたの信用問題にもかかわってくるから、時間はあくまでも厳守、を肝《きも》に銘《めい》じておくことだ。

相手が「あいつにはかなわない」と思うような人だったとしよう。

そういう相手にはすでに「気」で負けてしまっているのだが、だからといって、あきらめるのはまだ早い。

人の「気」はたえず変化し、増減している。今日はその人より「気」で負けているが、明日は「気」が逆転するかもしれないのだ。

「気」で大事なのは、逆転のタイミングをつかむことだ。

自分の「気」が充実しているなと感じられる日を選んで、日ごろなんとなくかなわないと思い込んでいる人間と会ってみよう。意外に、「なんだ、それほどでもないじゃないか」という気になるものだ。そうなれば「気」は対等になっていて、すでにあなたが勝っているのである。それ以後は対等に、あるいは有利に、ビジネスを進めることができるようになる。

ツキを感じ取れるときには思いきりバーンといくことが大切だ。

マージャンをやったらドカンと勝った。競馬の大穴が当たったなど、ツキを感じるきっかけはなんでもいい。

最近、オレはついてるぞ、と確信できたら、日ごろ苦手な相手にどーんとぶつかって勝負に出ることだ。

「気がかり」は潜在アンテナの教え

評論家の田原総一朗氏は、好・不調にはリズムがある、と語っている。

田原氏はフリーの仕事をしているが、かなりはっきりとした好・不調の波を感じるという。

好調の波を感じる時は、時代の流れがよく見え、こういう場合には先を読むこともできるそうだ。そして、それがピタリと当たるという。しかも、読めるときには仕事の注文も、原稿、講演などどんどん来るのだそうだ。

だが、あの田原氏にしても、時代がまったく読めず、テレビに出てもトンチンカンなことを言ってしまったりし、仕事もガクンと減ってしまうこともあるらしい。

そう言えば、私のところによく出入りしているフリーの編集者も同じようなことを言っていた。

彼の事務所でも、電話がかかってくる日には次々電話がかかり、対応に追われてしまうくらい新しい仕事が入ってくる。

そんな日があるかと思えば、反対に、電話が一切鳴らず、当然、仕事も進まない日がある。

こんな日には気分まで沈みがちになる。電話がかかってこないので仕事がはかどりそうだが、実際は仕事もそれほどはかどらない。

前にも言ったように、「気」はたえず変化しているのである。誰にでも好・不調の波はある。

人間にはその日その日の「気」というものがある。朝から、なんとなく張りきっている。そんな日は次から次へと仕事がうまく進み、気分はますますハイになる。ところが反対に、ボタンを一つかけ違ってしまったように、することなすこと、いまいちうまくいかない日もあるものだ。おみくじではないが「大吉」の日、「凶の日」はちゃんとあるのだ。

なんとなく、このまま進めるのは気がかりだとか、何かがひっかかるという日は、「気」の流れがよくないことを教えているのだ。もしも、大きな契約を決める日などに、なんとなく気がかりな感じがしたら、その日は最終的な結論は出さないほうがいい。次の機会まで持ち越し、ハイな気分の日、「気」が強く出る日を選んで、再度交渉したほうがいい。

「気」が弱いときにどうやって、「気」を上向きにするかも問題だ。

危機という言葉は、危険と機会、二つの言葉が合わさって生まれている。危険を取り除けば、機会だけが残る。つまり、危機は、飛躍のチャンスなのである。

なんとなく低調で何をやってもうまくいかないときほど、自分を見直し、考え直す。考え直したら、これまでの不調や不具合はすべて忘れて心機一転、スタートラインに立てばいい。

過去を忘れてしまった瞬間に、もう、「気」は上向き始めているはずだ。あとは、「気」の上昇にしたがって、行動あるのみだ。

リズムを崩し、「気」が低調になったときは、次の新しい展開をするためのチャンスである。田原氏自身、これまで三度も大きな会社を辞め、そのたびに、絶望感の中から新しい出発をし、今日のポジションを得たのだから。

気力人間は戦う前からすでに相手を制している

ビジネス戦争という言葉もあるように、ビジネスには戦いがつきものだ。天下分け目の一戦という場合には、乾坤一擲《けんこんいってき》、気合いを入れて臨むことが大切になる。

戦いは、「気」と「気」の力くらべといった一面も持っている。相手を飲むくらいの「気」があれば、戦う前からすでに勝負はあったようなものだ。

87ページでもお話ししたが、昔の武士や武道家は、試合の前に立ち小便をするのが習わしだった。

小便が勢いよく出て、泡立っているようなら、

「この試合は絶対、勝てる！」

と確信できたからだ。

勢いによって、その日の「気」の強さをはかっていたのだが、「気」が勝者敗者の明暗を分けることを、動物的な勘で知っていたわけだ。

早くから天才棋士の呼び声が高く、将棋界のトップに君臨しているのが羽生善治《はぶよしはる》氏。彼は、一分間に三百手から四百手を読むという、凡人には想像もつかない頭脳の持ち主だ。

だが、世の中にはすぐれた才能も多く、将棋界には羽生氏と同じぐらいの力を持つ天才予備軍も数多くいる。

そんな中で、なぜ、羽生氏が飛び抜けた力を発揮するようになったのだろうか。その謎を解く答えは、「気」にあった。

将棋界には細かな階級分けがあるが、トップのA級に属するのはわずか一〇名と限られている。このA級の順位戦の勝利者が、名人位の挑戦者となる決まりがある。

さて、この順位戦で、羽生氏が、将棋界に中原時代を築いた中原誠・前名人（当時。引退後、十六世名人などと称される）と対局したときのことである。

戦いの日、先に着いた羽生氏は、堂々と、床の間を背に座って、中原氏を待ち受けたのだ。

床の間を背に座るのは、言うまでもなく上座である。

さらに、羽生氏は、中原氏が着座すると、先に将棋の駒箱を開けたのだ。将棋界では、上位者が、対局者が前に座ったのを見届けてから、駒箱を開けるというのが習わしになっているのだ。

つまり、この日、羽生氏は中原氏に対して、徹底的に、上位の者としてふるまったことになる。

たしかに、この時点で、羽生氏はすでに四つのタイトルを保持していた。一方の中原氏は前年までは名人とはいえ、この時点では無冠だった。だが、将棋界は、先輩後輩の関係をきちんと守る伝統の世界でもある。

せめて、下座で待ち、中原氏に「どうぞ」とすすめられてから上座に座るというのが、それまでのマナーとされていた。

だが、羽生氏は、自分が四冠保持者だという自信から、堂々と上位の者としてふるまい、試合前にすでに中原氏を気合いで飲んでしまったのだ。

試合中に対局者を鋭い眼差しでねじふせる「羽生にらみ」にも、羽生氏の圧倒的な気合いがこめられている。

羽生氏の天才を開花させたのは、人一倍強い、「気」だったのだ。

なんとなく、気後れするような相手と会う場合は、必ず相手より先に到着し、ゆったりとした気分で相手を迎えるようにするといい。そして、遠慮せずに堂々とふるまうようにする。

まず、気合いで相手を飲んでしまえば、大きな成功につながる可能性が高くなるというものだ。

第四章

「気」が金運を伸ばす

「気配」を知るだけで簡単に儲けられる

株の神様と言われる人が、こう言った。

「ある銘柄《めいがら》が人気を得る前には、独特の〝気〟を発散するものだ。すかさずその気をキャッチして買い、人気が天井をつく気配を察したらすぐにやめる。これが秘訣です」

また、私の知人は、仕事で足を運んだ会社の空気がなんとなくすっきり明るいと、その会社の株を買うことにしている。

「有名株でも、話題になった株でもないのに、どうしてですか」

と、証券会社から不思議がられたそうだが、彼は、自分の五感を信じて、ボーナスを全部はたいていたのである。

平凡なサラリーマンなのに、今ではマイホームのほかに、素朴な山小屋だが、セカンドハウスを持つまでになっている。

これは、自分の五感でキャッチした「気」を信頼して、ボーナスを投資し続けた結果なのだ。

この世の中のあらゆる現象は、人間の作為や意志を超越して、「気」と密接につながっている。金儲けに限らず、「気」の流れがわかるようになったら、すべては自由自在なのだ。

たとえば安売り家電業界の成功者たちは、儲ける側に立った理論ではなく、買う側の求めに応じて商売を展開している例が多い。

誰だって、いいものを少しでも安く買いたい。だから、お客が求めている「いいものを安く売る」という発想で挑んでいる。

昔から、商店街には、同じように軒を並べていながら、なぜか流行《はや》る店と流行らない店があったものだ。

その差をじっくりチェックしてみると、流行らない店はたいてい、その地区で浮き上がっている。

学生の多い町なら学生のニーズに合わせ、団地の近くなら子どもや家族向きの安くていいものを揃《そろ》えるというように、その地区の客層がどんなものを求めているのか、それをちゃんとつかんで商売すれば、必ずうまくいくはずなのだ。

その地域、その時代の「気配を見る眼」があるかないか。金運のある人とない人の差はここで生まれる。

つまり、客の気と同調させることができるかどうかということだ。

安く売る。これでみなに喜んでもらえる。これ以上の幸せはないはずだ。

笑う門には福の「気」が来たる

「笑う門には福来たる」という言葉がある。笑いは「気」を呼び込む、最も効果的な方法なのだ。

といっても、ただ笑えばいいというわけではない。笑い方によっては、かえって「気」をそぎ、金運も幸運も逃げていってしまうもので、注意したいものだ。

男なのに、女のように「ククク」とこもったように笑う人は、陰険で、人から信用されにくい。「ククク」という笑い方は、もともと自分の心の中を人にのぞかれたくないという思いが強いからなのだ。

「イシシシシ」というように、声を出さずに笑う人は、もっといけない。秘密が多く、油断がならないと思われやすい。

「ヒヒヒヒ」と口をとがらせて笑う人は、人をバカにしたり、極端に心の裏表があったりする場合が多い。

その反対に、好感が持てる笑い方は何か。

「ハハハハハ」と澄んだ高い声を出して明るく笑う人はいかにも気持ちよく、こっちまでつられて楽しくなってくる。

こうした笑い方ができるようになれば、出会う人との垣根《かきね》がとれ、どんどん運が開けてくる。

Sさんは優秀な成績で一流大学を卒業した、自動車会社の営業マンだ。ところが、学校の成績と実社会での仕事とは別らしく、やることなすこと裏目に出て、出世には見放され、妻からも疎《うと》んじられて弱りきっていた。

そんなSさんを見て、私は、笑い方に問題があるんじゃないかなと思った。

試しに、わざと冗談を言ったところ、

「……」

と口の中でこもったような笑い方をするのである。

これでは、ダメだ。

だから、私は見るに見かねて、笑い方を教えてあげた。

笑い方は生まれつきというより、環境や生活習慣によって作られていくものなのだ。

反対に言えば、笑い方は習慣の一部だから、努力しだいですぐ変えられる。

そこで、私はSさんに、笑うときに、「ハッハッハッハ」と明るい声を出して笑うようにすすめてみた。人がいないときには、「ハッハッハッハ」と声を出す練習をしなさいとも教えた。

しばらくしてから会ったとき、笑い方が変わったかどうかたしかめようと、ちょっと冗談を言ってみた。

すると、「ハッハッハッハ」と私が期待していた以上に、大声で明るく、豪快に笑うようになっていた。

聞いてみると、最近は会社でも周囲の人と打ち解けられるようになった。そうなると、不思議なことに営業成績も上がってきたという。

「うちの会社は、昨年から年俸制を取り入れているんです。来年は大幅昇給が期待できますよ」

そう力強く言うと、また、明るい声で「ハッハッハッハ」と大きく笑っていた。

人一倍強い上昇志向を持つ

サラリーマンの間で人気のあるマンガに、『課長 島耕作』がある。島耕作は実在の人物ではなく、漫画家・弘兼憲史《ひろかねけんし》さんが、自分の若いころの姿をイメージして描き上げたサラリーマン像である。

弘兼さんは一九四七年生まれ、まさに団塊の世代そのものだ。大学卒業後、松下電器(現パナソニック)に就職したが、三年で退社。その後、大学時代にマンガ研究会に所属していたキャリアを生かしてマンガ家になり、いくつものヒット作を生み出してきた。

現代の錬金術師《れんきんじゅつし》は、マンガ家だという説がある。なにしろ、マンガ本というのは販売部数が桁《けた》違い。当然、作者に転がり込む印税も桁違いということになる。

なぜ、弘兼さんには、そんな金運がついて回るのだろうか。

「マンガというのは不安定な仕事で、おカネになるかならないか、まったくわかりませんでした。社会的地位も、当時はみじめなもの。人が見たら、狂気の沙汰《さた》だったでしょう。でも、おカネの問題じゃなくて、人生いかに楽しくすごせるか、それが最大の関心事でしたから」

だが、弘兼さんには、子どものころから人一倍、上昇志向が強かったらしい。松下電器時代も、「いっちょう目立つことをやってやれ」と、看板や、プライスカードを描く場合なども、必ず人目につくようなデザインにしていた。

「自分のやりたいことがあったら、自分からアピールしていかなければダメ。どんなに才能があっても、人に認められなければ埋《う》もれてしまうだけですからね」

弘兼さんは、自分の才能を頼りに生きていく場合は、

「過信でも自惚《うぬぼ》れでもいいから、どこか一か所、絶対に人には負けないという自信があると思い込むことなんです。自分で気合いを入れて人と張り合わなければやっていかれないでしょう」

と語っている。上昇志向とは、まさに「気」を前向きにとらえる傾向を言う。

そうした姿勢でさらに「気」を入れてがんばるのだから、これでうまくいかないはずはない。

「気」が最も強くなるのは自然体のとき

ある生命保険の会社で聞いた話がある。

生命保険はよくご存じのようにセールスレディたちが会社や家庭を回り、契約を取ったり、保険のかけかえ、契約をグレードアップすることをすすめたりして成り立っている。各営業所には、壁にそれぞれのセールスレディの成績の棒グラフがでかでかと掲《かか》げられ、所内での激しい競争ぶりがうかがえる。

私のところにもセールスレディをしている人がよく来るが、ある日、この人から興味深い話を聞いた。

各営業所には三〇人ほどのセールスレディがいるが、四方八方に愛想《あいそ》をよくしている人が、必ずしもいい成績をあげるとは限らないのだそうだ。もちろん、そこそこの好成績は残すが、トップになるのは、たいてい「へぇ、こんな普通のおばさんが?」と首をかしげたくなるような人が多いらしい。

彼女が所属している営業所も例外ではなく、トップ成績のセールスレディは、平凡で目立たないけれど、そのかわりいかにも人がよく、ちょっぴり世話好きな女性なのだそうだ。

営業所ではみな、なぜ、この女性がいつもトップになってしまうのかわからないと不思議がっているそうだが、私にはその理由がよくわかる。

世の中に八方美人に生まれついた人などいるわけがない。八方美人は、たいていどこかで無理をしているのである。

自分を抑え、自分を必要以上にかり立てて、必死で努力している。だが、けっしてトップ成績はあげられないという結果が出ているのだ。

トップの成績の平凡なおばさんタイプの女性は、あまり自分をつくろわず、ありのままの自分で仕事をしているに違いない。ありのままの自分でいると、自分の「気」が最もスムーズに流れるので、仕事もうまく運ぶ。

自分の体験に置き換えてみれば、よくわかるだろう。仮に自分の家に来客があった場合で考えてみよう。

ちょうど有名な店の羊羹《ようかん》があったのでお出しした。ところが、遠慮して手をつけようとしない……。同じようなケースで、もう一人のほうは、「まあ、おいしそう」とうれしそうに言って、いかにもおいしそうに食べ始めた。

もう、言うまでもないだろう。後者のお客が帰ったあとは、こちらの気持ちまで、なんだかうれしく弾《はず》んでいる。ところが、遠慮の固まりのお客が帰ったあとは、せっかくもてなそうとした気分がそがれたようで、不完全燃焼のような思いが残ってしまう。

突き詰めれば、遠慮というのは、自分をよく見せたいという見栄にすぎない。はしたなく思われないよう、礼儀を知っている常識ある人間に見せたいために、素直な気持ちを押し殺す行為なのだ。

この「押し殺した」ときに、「気」の流れが停滞する。ものごとがうまく運びにくくなってしまうのである。

遠慮などしないで、ありのままの自分を堂々とさらけ出しても、けっして無礼や失礼にはならないのだ。むしろ、そのほうが人間性が通じ合い、あなたの「気」と相手の「気」が通じ合うようになる。

私は、「無理が最もいけないことだ」と戒《いまし》めている。結局は自然体であることが、器量を大きく育てていくことになるのである。

運を天に任せて大ヒット

「ニンテンドー」のゲームを知らない人はいないだろう。

なかでも、空前のヒット作と言われる「スーパーマリオ」シリーズは、全世界を席《せっ》捲《けん》した。

次に開発したドラクエシリーズは、発売のニュースを聞いたファンが徹夜で販売店の前に行列を作るほどの人気。発売元の利益は天文学的なものとなった。

ファミコン王国を築き上げたのは山内溥《ひろし》氏だ。山内氏は大学在学中に病気で倒れた祖父のあとを継いで、任天堂の社長に就任した。当時は、京都にあるカルタやトランプなどを作る中小企業にすぎなかった。ディズニートランプがヒットしたほかは売れるものがなく、一九六〇年ごろにはジリ貧の状態だったようだ。

なんとか苦境脱出をはかろうと、インスタントライスから、ボウリング場を室内娯楽場に改装するなど、さまざまなことに手を出したが、それらもことごとく失敗。何度か倒産の危機に見舞われ、山内氏は落ち込んでしまった。

「オレが社長をしている間はこの会社はダメだ、と経営者としてミジメになり、あきらめかけていたくらいです」

このとき、とことん落ち込んだことが幸いした。落ちるときは底まで落ちたほうがいい。どん底になれば、あとははい上がるか、倒産するか、その二つしかないのである。落ち込み方が足りないと、さらにどんどん落ち目が続いてしまうことになる。

一九七八年のことだ。携帯用の電子ビデオゲーム「ゲームウォッチ」が開発された。このとき、社内にはこんなものがヒットするはずはないという強硬な反対論者も少なくなかった。

だが、山内氏はここで、運を天に任せることにしたのだという。

「わが社は、社名が任天堂なんです。天に任せる。そうすれば、自然に答えが出ると思いました」

「ゲームウォッチ」もヒットしたが、この延長線上で開発された「ファミコン」は奇跡的と言われる大ヒットにつながった。次いで発売された「スーパーファミコン」もまたまた大ヒット。ついに、世界の「Ｎｉｎｔｅｎｄｏ」となり、山内氏はアメリカの経済雑誌「フォーチュン」に、資産三四〇〇億円と書かれたほどのスーパーリッチマンとなり、任天堂も京都の中小企業から、メジャーリーグの球団を買収するほどの世界的企業にのし上がったのである。

その分岐点は言うまでもなく、運を天に任せるという決断にあった。運を天に任せることは、すべてを「気」に委《ゆだ》ねることである。「気」に逆らわず、ものごとを進めていけば、その先には必ず成功が待っている。「気」のパワーがそう教えている。

セールスのタイミング

接客が毎日の仕事の人は多い。

その人たちがいちばん悩んでいるのが、お客さまが来たとき、どのタイミングで声をかけたらいいいか、だそうだ。

「いらっしゃいませ」が早すぎるとお客さまは引いてしまう。しかし、声をかけられるのを待っていると遅くなる。

普通は、お客さまと目が合ったり、お客さまが商品を手にとったりしたときがベストのタイミングと言えるだろう。

その瞬間をのがさず、

「いらっしゃいませ。どのような物をお探しですか?」

と、声をかける。

このタイミングを見極めるには経験が必要になってくる。

それとなく様子をうかがい、自分が客だったら、いつ声をかけてもらいたいかと想像すれば、ベストのタイミングもつかみやすくなるはずだ。

さて、商品を買ってもらうには、とにかく熱心に商品説明をするのがいいと思ってはいないだろうか。もちろん、ていねいな説明は必要だが、そのために自分ばかりが話していてはいけない。

自分が客だったら、店の人がしゃべりたいことばかり話したら、どう思うだろう。どんなに素晴らしい説明でも、「うるさい」と逆に引いてしまうのではないか。

本来、人間は、人の話を聞くより、自分が話すほうが好きなのである。自分の話を熱心に聞いてくれる人がいると、うれしくなるのだ。

そこで、商品を説明したい気持ちをグッと抑え、むしろ相手に問いかけをし、その答えをじっくり聞く。

こうすると、お客の考えが見えてくる。あとは、相手の「気」に合わせたセールスをすればいい。

まず、お客から話を引き出すのが、セールスの極意と言えるわけだ。

「気」には三日、三月、三年のサイクルがある

私のところには若い男性もよく訪れてくるが、どうも最近の若者は、「気」に乏しい。ひところ三無世代という言葉があった。無気力、無感動、無関心の三無というわけだ。その三無世代が社会の中堅となり、現代の若者にしても、私の目には、「気」が何か、まったく関心も理解も持っていないように見えるのだ。

よく、夫婦は空気のような存在だ、などという。空気はたっぷり存在しているときにはその大切さを意識することはないが、反対に、不足するとすぐに酸欠になり、アップアップしてしまう。そうして、空気のありがたみを、とことん思い知ることになる。「気」も、空気と似たところがあり、あふれるほどあるときにはそれほど存在が意識されない。ところが、いったん不足すると、大いに苦しむようになり、「気」の大切さがしみじみ意識されるようになる。

だから、私は、「気」が不足し、ものごとがなんとなくうまくいかない場合は、落ち

るところまで落ちたほうがいい、と話している。落ち方が中途半端だと、かえっていけない。とことん、どん底まで落ちれば、あとはのぼっていくほかはないからだ。

武田鉄矢さんは、売れ出してからは順風満帆《じゅんぷうまんぱん》だったような印象があるが、実は苦節を重ねている。

『母に捧げるバラード』という曲でようやく売れたのも束の間、またまた、仕事らしい仕事はほとんどない、という日々が訪れた。だが、武田さんは焦《あせ》ることなく、「気」の流れが変わるのを待っていた。

「気」にはサイクルがある。人生は、そう悪いことばかり続かない。「気」は三の倍数で変化するという説を唱える人もあるくらいだ。三日ごと、三か月ごと、三年ごとというようなサイクルがある。

このあと、武田さんのところに、『男はつらいよ』の名監督、山田洋次さんから話が持ち込まれ、『幸福《しあわせ》の黄色いハンカチ』で再び、人気スターの座に復活できた。しかし、「いい気になった」武田さんは、若いころから心酔していた坂本龍馬の映画を作って、大失敗してしまうのだ。

ここで、武田さんは一種の開きなおりの精神を身につけたのである。

「とことん、落ち込んで、三年ぐらいは立ち上がれなかった。でも、そのとき、いっそのこと、最低の男の物語を作ろうと思い立って。それが、劇画『織部金次郎《おりべきんじろう》』になったんです」

『織部金次郎』はプロゴルファーを主人公にした劇画で、武田さんが原作を書いている。この大ヒットで、武田さんはみごとに立ち直り、その後の活躍ぶりは改めて紹介する必要もないはずだ。

「コケたら儲けもん。石でもつかんではい上がれ」。これは、武田鉄矢さんの信条だそうだが、まさに、どん底で、ヒット劇画の構想を思いついたのである。

あるとき、トーク番組でこんなことを話していた。武田さんが最初にプロポーズした女性は、「売れない歌手なんか将来性がない」と言って、ひじ鉄をくらわせたらしい。落ち込んでいた武田さんの前にあらわれたのが、今の奥さんだ。

奥さんは、今でも時々、「私のほうが見る目があったわ」と言っていばってみせるそうだ。武田さんのプロポーズをことわった女性は今ごろ、唇をかんで悔しがっていることだろう。

神社仏閣には、特有の「気」がある

子どものころ、母親から、神社やお寺の前を通りかかったら、ちょっとでいいから立ち寄って、両手を合わせるようにと厳しく言われたものだ。

母親は単に、神や仏への敬虔《けいけん》な思いからそう教えたのだろうが、神社や仏閣は古来、「気」が集まる場所なのである。

境内に足を踏み入れ、ひととき心を澄ませると、なんとなくおごそかな気持ちになり、やがて心が洗われるような感じになる。

これは、神社や仏閣が建てられている場所に、特有の「気」がこもっており、この「気」が人々の「気」を高める働きをもっているからである。

現代人は、神社は正月に恋人と初詣《はつもうで》でデートする場所だ、くらいにしか思っていないかもしれない。

しかし、これからは、神社や仏閣は素通りしないほうがいい。境内で心を洗い、手を合わせて拝むことで、一瞬でも「気」を集中させれば、その後の「気」の流れは必ず好転する、と請け合ってもいい。

古代の陰陽師《おんみょうじ》たちは、どの場所に「気」が集まるかをよく研究していた。そこに神社や仏閣を建てて修行をすれば、神官や僧たちの「気」が高まり、宗教的な修行も大いに進むからである。

空海などの昔の高僧は、数々の奇跡を実際に行ってみせたと伝えられている。「本当だろうか」と疑う人もあるようだが、「気」はしばしばスーパーパワーとも言いたいような、思いがけない力を生み出すものだ。

凡人の目には奇跡としか映らないことも、「気」を高めた宗教家なら実現できた可能性は大いにあると言えるだろう。

森や平原、あるいは海岸など、どこに「気」が集まりやすいかを研究する学問が「風水」である。

方角によって、地電流や磁気の流れは微妙に違う。

この違いを察知すれば、どの方向に家を建て、どの方向に金倉をもってくればいいか、といったことも明らかになる。

言わば風水は、「気」の流れを察知する古来からの知恵の一つなのだ。

最近は、家を建てる前に、家相に配慮する人などは減ってきてしまったようだが、ちゃんと根拠のある家相学は、どこかに風水の理論を取り入れている。だから、軽々しく無視しないほうがいい。

「お守り」には大きな気力が期待できる

昔から四つ葉のクローバーは幸運のシンボルとされている。それについて、心理学者の浅野八郎さんがこんな話をしている。

「四つ葉のクローバーは、〝幸せのお守り〟と言われているが、四つ葉のクローバーには本当に、その人間に恋や金運を呼ぶ力があるわけではない。

四つ葉のクローバーを見つけようと探した人はわかるだろうが、野原や草原などでも見つけにくい。珍しいものだから、〝きっとラッキーなことが訪れるに違いない〟という気持ちを起こすわけで、これを同化作用という」

スタミナがつくなどという飲み物を飲むと、それを飲んでいるうちに力がついたような気がしてくる。

これが、よく言われるプラシーボ効果である（48ページ参照）。

おまじないにも一種のプラシーボ効果があるが、それが四つ葉のクローバーに代表されているとも言える。

誰でも経験があるだろうが、大切な試験の前などは心のコントロールが難しい。そして、「苦しいときの神頼み」をすると、助けてもらえる気がする。神仏には人間の知恵を超えた、まったく目に見えない力がある。古来、その力にすがるだけでも心が安らかになるのが人間なのである。

こういう意味から考えると、お守りは暗示のシンボルと言えるだろう。「これがあるから、うまくいくかもしれない」と思えば心が落ち着くし、ふだんと同じ力が出せる。つまり、大きな「気力」が宿っているのである。

「効き目などない」と否定するよりは、「効果がある」と肯定《こうてい》して、信じる心のほうが強いもの。

これはいろいろな実験が証明しているが、信じることは人間の生理活動を盛んにさせ、大脳の働きを活発にしてくれるのである。

セールスの達人は気の呼吸法を知っていた

昔の商店では、番頭さん（現在の会社組織で言えば、重役にあたる）が座っているコーナーの頭の上には、神棚が祀《まつ》ってあった。そして、商売を始める前には店員（社員）一同、神棚に向かって手を合わせ、心を引き締めてから、その日の商売をスタートしたものだった。

昔の人は、現在の人よりもより自然と接する生活をしており、「気」を身近に感じていたのだろう。

こうした習慣を通して、毎日、「気」をリフレッシュすることが、商売繁盛につながることを体験的に知っていたのである。

ある保険会社に、成績トップを続けるセールスレディがいる。彼女は、とくにカリカリと仕事をしているようにも見えない。

しかし、月末に統計をとると、毎月、ほかの人を引き離す素晴らしい成績を達成しているのである。

その秘訣を尋《たず》ねると、こんな面白い話を披露してくれた。

「主婦層を積極的に開拓しているのが、理由かもしれません」

訪問セールスが最近、伸び悩んでいるのは、家庭の主婦が「家内」から「家外」に変わったことが大きく影響しているという。最近の主婦はパートに出ていたり、仕事を持っていない場合も、カルチャーセンターだ、グルメだ、とけっこう忙しくて、よく家をあけているのである。

「でも、主婦たちは、午後七時ぐらいが案外ひまなんです。昼間は出かけていても、夕方には帰宅します。それから夕食の支度。といっても、このごろでは、電子レンジでチンするだけ、なんてことも多いので、それほど時間もかからない。

子供は塾に行き、夫の帰宅はまだ……。こうした時間を狙《ねら》って訪問すれば、確率はずっと高くなります」

さて、いよいよ主婦層の見込み客（顧客となる可能性がある人）の開拓だが、彼女は、当たりをつけた家の前に立つと、まず、大きく深呼吸をするのだという。

「門の前で深呼吸を五回ぐらいするんです。訪問セールスが来れば、私だって最初はなんとかことわろう、追い払おうとするでしょう。相手のそうした気持ちに負けないために、私自身にカツを入れているわけです」

彼女は「カツ」と表現したが、これは道家の「気」の応用法であり、「気」の活用術として、実に理にかなっている。

道家の呼吸法をマスターすれば、「気」が高まり、運が開けてくる。呼吸法一つで人生が大きく変わることがある。

このセールスレディは、チャイムを押す前に深呼吸して、「気」をいっぱいに高め、それから、見込み客の前に乗り込もうというわけである。見込み客の前にあらわれた彼女は、言わば「気」の固まりとなっている。

顔を合わせてしまえば、「気」はもっと伝わりやすい。

彼女から流れていった「気」が、相手の「気」と調和し、おたがいに「気」が交流するようになる。最初は契約する気のなかったお客も、むしろ喜んで契約してくれるわけだ。

おたがいに「気」が通い合うようになってしまえば、友だち関係になり、とくに頼まなくても、お客がお客を紹介してくれるようになる。

このようにして、見込み客は増える一方なのだ。

よく、波長が合うとか、気が合うという表現をするが、気が合うとは、まさに「気」が勢いよく交わり合い、お互いの「気」がほとんど一つに合流するようになることを言うのである。

「気」のセールス法というのは、この例のように、「気」の引き合う力を応用した方法なのだ。

事前に自分から放射される「気」によって、客の住まいを同一の「気」で満たしておき、それからその「気」の中にスッと溶け込んでしまう。

相手も自分も同じ「気」で満たされているのだから、残るのは「売った」「買った」の関係というより、よいものを紹介してくれた、よい人と出会えたという喜びになってくるのである。

「気」をビジネスに応用する方法の原理、原則がみごとにあらわれている一例と言えるだろう。

「気」を乱れさせる貧乏ゆすり

野球のイチロー選手は、一九九四年、日本球界で前人未到のシーズン二一〇安打を記録（当時、日本最高記録。現在のシーズン最高記録は、埼玉西武ライオンズの秋山翔吾《しょうご》選手が二〇一五年に記録した二一六安打）。その後も、イチロー選手は活躍を続け、数々の記録を達成している。

彼の打法で印象的なのは、右足をゆっくりとキャッチャーのほうに引きながら間《ま》をとる、独特の「振り子打法」だが、私の目から見れば、この打法は、「気」を上手にため込み、一気に爆発させる打法である。

まさに「気の打法」と言いたいくらいだ。

「何をやっても、うまくいかない」と嘆く人は、能力がないわけじゃない。たいていは「気」の集中法を知らないからだ。

集中力が乏《とぼ》しいと能率も上がらず、ミスも増えてくる。「いや、一生懸命、集中している」と言いながら、さかんに髪の先をいじったり、耳たぶに手をやったり。こんな癖《くせ》は愛嬌《あいきょう》のうちと考えている人も少なくないだろうが、私に言わせれば、こうした癖こそが問題なのだ。

よく、考えごとをしたり、アイディアを絞り出そうとするとき、貧乏ゆすりをする人がいる。本人は無意識のうちに、体の一部が小刻みに動き出してしまうのだ。体の一部がぐらぐらと動いているようでは、むろん、集中できていない。頭の中が常に一定していないで、いつも別のことが頭にひっかかっている状態なのである。意識を集中できないくらいだから、いいアイディアも、すぐれた考えもなかなか浮かんでこない。

貧乏ゆすりとはよく名づけたもので、こうした人間が仕事に成功するわけがないことは、火を見るより明らかだろう。

ある日、私のところにこんな相談があった。その青年は三〇代に入って間もないという年齢だったが、一流大学を出て、一流の商社に勤めていた。明るい雰囲気の持ち主で、スポーツ万能。カラオケも得意だという。

こうした話から、絵に描いたようなエリートコースを突き進んでいると見えたのだが、詳しく聞いてみると、同期の人間にどんどん追い越されていくばかりで、悩んで

ス○○とアダ名をつけられている始末で……」

いるというのだ。

「最近は好調だと思っていると、とんでもないミスをやらかすんです。今じゃあ、ミス○○とアダ名をつけられている始末で……」

彼がミスをおかしやすいことは、話を聞いているだけでわかった。話をしながら、絶えず貧乏ゆすりをしているのである。自分でもけっこう気にしているらしく、ふと気づいては貧乏ゆすりをやめるのだが、すると、次には盛んに鼻に手をやったり、手の指を折ったり、開いたり……。要は、落ち着きがない。

イチロー選手が突然、力を発揮できるようになったのは、振り子打法によって「気」を一か所にため込む集中力を身につけたからだ。絶妙のタイミングが、それを物語っている。

集中力がないというのは、「気」が一か所に集まらないこと、「気」の流れが乱れることに原因がある。この乱れのスキが、ミスになってしまうのだ。

相談に来た商社マンは能力があるのに、「気」が乱れやすく、ミスが多いのだろう。「気」を集中できれば、もともと能力はあるのだから、同期の中で置いてきぼりをくうようなことはなくなるはずだ。

第五章

「気」が病を治す

病は「気」からは本当だった

体中の気のめぐりをよくすると細胞が若返り、いつまでも若々しい体と心を持ち続けることができるようになる。また、気は、体を病気から守る防衛力を持っており、細菌やウイルスなどが体内に入ってくると、次から次へと防衛隊を繰り出してやっつけようとするため、病気を未然に防ぐことができるようになる。

もちろん、反対に「気」が滞《とどこお》ると、病気になりやすい。昔から、病は「気」からと言うが、まさに「気」に問題があるからこそ、病気になるわけだ。

現代人の多くは、時には仕事に追われて、無理に無理を重ねていることがある。徹夜続き、食事も満足にとれない……。でも、人はこういう場合にはめったに体をこわすことはないものだ。ところが、仕事が終わり、ほっとしていると、ひどい風邪《かぜ》をひいたり、わけのわからない熱が出たりして、寝ついてしまうことがある。こういうことはほとんどの人が経験ずみのはずだ。

こんなとき、単に疲れが出たとか、熱が出ただけといって片づけがちだが、実際は疲れで「気」が停滞し、体内に悪い「気」(邪気)がたまったために病気になったという認識を持ち、邪気を追い払うことを考えなければいけない。病気になると、さらに気が弱くなり、なにごとに対しても無気力になる。ますます邪気がたまる、というように悪循環におちいってしまい、これがさらに重い病気につながっていってしまうのだ。

川の流れがよどむと水が濁《にご》り、ボウフラが湧《わ》く。さらにひどくなるとメタンガスがぶくぶくと吹き出すようになり、生き物がまったく住めなくなってしまうように、「気」の流れが悪くなると、しだいに全身の具合が悪くなってくるのである。

「気」が充実していれば、外敵に合わせて薬を作り出しているようなものだ。「気」は、老廃物や害のある物質を、邪気として体外に排出する働きを持っている。

私がすすめている術とは、「気」を全身にめぐらせ、あふれさせる具体的な方法である。われわれの体には、鍼灸《しんきゅう》の経絡《けいらく》と同じように、「気」の流れる道がある。この「気」の流れを正常に戻せばいい。言ってみれば、汚染された「気」や邪気を体外に排出し、新鮮な「気」を体内に呼び込む、ということだ。そうすれば、がんをはじめ、ほとんどすべての病気を未然に防ぐことができるようになる。

細胞の「気」を充実させれば、がんも未然に防げる

それにしても近年、がんの増え方はすごい。日本人の死亡原因のトップは男女ともにがんで、増加の勢いは衰えを知らない。

最近、故人となった有名人も数多く思い浮かぶ。まだまだ働き盛りの人ががんに命を奪われ、次々とこの世を去っていった。

がんは遺伝子の異常によって起こると言われているが、その異常を引き起こす大きな原因がストレスであることがわかってきている。

イギリスのある大学教授の研究によると、「なにごとにも依存性が強く、ストレスを解消するのが下手で、絶望感、無力感におちいりやすい人ほどなりやすい」という結果が出ているという。

最近、西洋医学でも注目し始めたのは、人間が本来持っている自然治癒力《ちゆりょく》だ。細胞に活力があるか、ないかによって、同じ条件でも、がんを発病してしまう場合とそう

でない場合があるのだ。

アメリカの医学者キャンディス・パートは、「すべての細胞に心があり、この細胞の心が明るく、満足感にひたっていなければ、病気はよくならない」という研究結果を学会で発表し、大きな話題を提供している。

テレビなどでよく見るだろうが、中国では、今も朝早く公園の大きな木の下などに集まって、体を優しく大きく揺らし、自然の「気」と自分を調和させる気功が盛んに行われている。気功の不思議な動きは心と体を調和させ、体内エネルギーである「気」の流れを調整しようとする、自然の動きなのである。

体内に不調が起こったとき、「気」の流れが活発なら、不調をくい止めようと「気」が集中される。「気」が働いて、不調から病気に進むのを防ごうとする。人間の体は本来そういうようにできている。がんになるのは、細胞が弱っているからで、細胞に活力があれば、そういう状態にならないのである。

もし、身近にがん患者が多く、遺伝的にがんになりやすい体質だという心配があるならば、さっそく「導引術《どういんじゅつ》」をマスターして、気のパワーで体質を改善することをおすすめする。

冷え性には足指の行法がいい

最近、セックスレスの夫婦が増えているという。これは、なんとも悲しいことだ。セックスは、人間に与えられた自然な喜びの一つである。

セックス好きな人間を色眼鏡《いろめがね》で見る傾向があるが、セックスを金で買ったり、異常な性欲に走ったりすることがいけないのであって、愛し合う男女がセックスをし、深い快感にひたることは少しも問題ではない。

「気」の視点から言っても、むしろ大いにすすめたいものだ。

ただし、週刊誌に書いてあるように、二〇代だと週に何回、三〇代だと週に何回、といった目安はおかしい。

セックスには個人差がある。若くても一か月に一度だけという夫婦もいれば、中年になっても毎日のケースもある。おたがいに満足することできれば、それがその夫婦なりの自然なセックスだと言えるだろう。

ある夫婦が、私のところにやってきた。

「結婚して八年になるのに、子どもができないんです」

と悩んでいる。

夫婦仲はとてもよく、セックスも人並みにやっているという。

最近、セックスレスや子どものできない夫婦が増えているのは、日本人の精気が弱くなってきているからだ。原因は食べ物、ストレス、運動不足など、いろいろある。そうしたことは「気」の修行をすれば、ほとんど問題はなくなるのだが、意外な盲点がある。

それは女性のファッションだ。以前のミニスカートの大流行以来、若い女性が子どもみたいなミニスカートを平気ではくようになり、自然に下半身を冷やしてしまうのである。また、最近の猛暑の影響で、オフィスビルやスーパーなどは真夏にクーラーがよく効いている。冬に冷えるのは当然だが、夏の冷えに苦しむ女性も増えているのだ。こんなことから冷え性になってしまい、妊娠しにくい体質になってしまうのである。

冷え性の女性は一目見ればすぐにわかる。

虚血体質といって、貧血気味で、心臓もあまり強くない。同じオフィスで仕事をしているのに、人一倍、冷房が気になってしょうがないという人ならば、冷え性の可能性がある。

また、美容の大敵と言われているものにはいくつかあるが、冷え性はその筆頭である。そして女性のほうが男性より冷え性になりやすい理由は、体の仕組みからきている。つまり男性より一つ、体の穴が多い女性は、そのために下から冷えを入れやすいのである。

冷え性になる仕組みを簡単に説明すると、人間の血液は全身をくまなくめぐる間に、老廃物（毒素）を腎臓《じんぞう》に運ぶ。そして冷えようとする血を肝臓で暖めるのである。こうして血をきれいにするとともに体温を一定に保っているわけだ。

ところが、この血の流れがどこかで停滞すると、毒素もたまれば、体温も一定に保たれなくなってしまうのである。手や足は、体の中央からみて、いちばんはずれにあり、血管そのものも細いので、血がもっとも滞りやすい部位である。ここで血が停滞すると、まず手足が冷え、さらに体内で蓄積された毒素の影響で病気も出てくるというわけなのである。

つまり、女性にとって、冷え性は病気のもととなりやすく、生理不順や不妊症の原因となってしまうことも多いので、要注意である。

冷え性を改善するには手足の血行をよくすることが大切である。

そこで、冷え症の人には次に紹介する足指の行法をおすすめする。

これは、足を伸ばして座り、片方の足の裏を上に向けてもう片方の足の太腿《ふともも》に乗せ、手の指で足指をもみほぐす方法である。このとき、異常に痛い指があったら、どこか内臓が悪い証拠なので要注意だ。

そのあと、ひば湯といって、大根の葉を天日干しにしたものをお風呂に入れた湯に入ったり、大きなバケツにひば湯を入れ、足をふくらはぎあたりまで入れて、温まるだけでもかなりの効果が期待できる。

ひば湯は、必ず大根葉を水から入れること。大根の葉の「気」が盛んなのは一〇月から六月までだから、七月から九月の間はヨモギの葉を使うといい。ヨモギの葉は、地方ならば、野原に生えているし、都会住まいなら乾燥ヨモギ葉を漢方薬局で売っている。

ひば湯を続ければ、早ければ半月、遅くても一か月くらいで、冷え性はまったく気にならなくなる。

こうして「気」のパワーを利用して、体力を作ってほしい。

冷え性に効く足指健康法

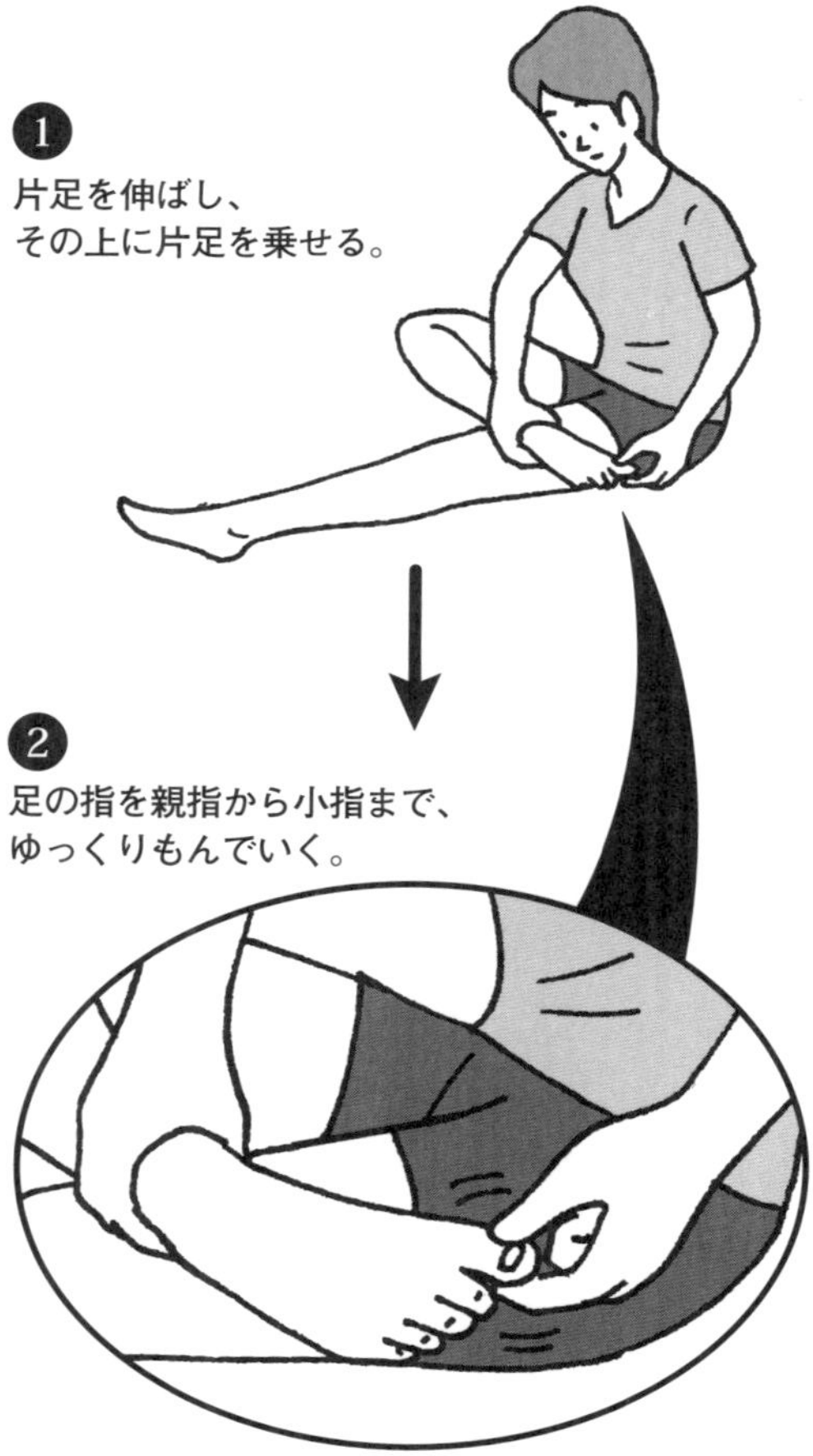
1
片足を伸ばし、
その上に片足を乗せる。
2
足の指を親指から小指まで、
ゆっくりもんでいく。

ブリーフやパンストは精気をダウンさせる

ミニスカートの下にはちゃんとタイツやパンティストッキングをはいているから冷え性の心配はないという声も聞こえるが、このパンストがまた、不妊症の原因になっている。体を締めつけるものは、「気」の流れをストップさせてしまうからだ。

昔の人はこうした「気」の仕組みをよく知っていた。だから、男はふんどし、女性は腰巻きという、体を締めつけない下着をつけていた。ヨーロッパでも、男性はシャツの裾《すそ》で下半身を包むだけ、女性はスカートの下は何もなし、が原則だった。

男性の睾丸が、なぜ体の外にぶら下がっているかと言えば、睾丸を冷やすためなのである。精子は温めると動きが活発になりすぎ、肝心なときに疲れて活力がなくなってしまうのだ。

ブリーフをはいていると、いつも締めつけられるうえに、温められてしまい、精子の働きが活発になりすぎてしまう。男性の下着はトランクスにして、女性はせめて家の中では、ノーブラ、ノーパンでいるぐらいでちょうどいい。

不妊で悩んでいるなら、下着を替えてみよう。これまでも、案外、それだけで子宝に恵まれる例がずいぶんあったものだ。

また、生理中には入浴は控えたほうがいい。生理は邪気を含んだ汚れた血を排出するための大切な期間だから、入浴して暖めると、その流れが滞ってしまうのである。

最近の若者は、精力が落ちているというレポートがある。昔の男性は、それこそ頭に血がのぼってしまうくらいむらむらとしてしまい、そのために、軍隊でも特別の「生理休暇」を与えたほどだった。

サファリパークに行くと、ライオンは一日の大半を寝てすごしている。

しかし、いざ、狩りをするときになると、驚くべき勢いで、大きな獲物を追い詰める。もし、ライオンが一日中獲物を追いかけていたら、多分、一匹も捕らえることはできないのではないか。緊張と緩和《かんわ》、このリズムが必要なことをライオンはよく知っているのである。

人間にもこのリズムが必要なのだ。イザというときに力を出すためには、むしろ、ふだんは力をためておかなければいけない。

よく、「仲のよすぎる夫婦には子ができない」と言うが、それは、そうしたことをふまえてのことだ。最近の若い男女は人前でいちゃつくのも平気。電車の中や駅でも堂々とキスをしていたりする。だが、日ごろは淡々とふるまうぐらいでちょうどいい。そうすれば、二人になったとき、精気が高まって、ごく自然にセックスをしたくなる。

自然なセックスは体内の精気が頂点まで充実し、それを放つわけだから、的中率は高くなる。セックスができない野生動物はまずいない。自然なセックスというのはそういうものだとしっかり認識してほしい。

それでも不能に悩んでいるようなら、強精法をお教えしよう。

①風呂の中で足を伸ばして座り、睾丸を片手でおおうように握る。

②握った睾丸を五〇回ぐらい、軽くもむ。

③ペニスが勃起し始めたら、半立ちになって、尾てい骨を摩擦する。

④勃起が終わるまで、摩擦し続ける。

これを毎晩、入浴のときにすれば、健康にも効果があらわれ、ちょっとの不調など吹き飛んでしまうはずだ。

のどの不調を治す秘訣

声を出す仕事と言えば、その第一は歌手だろう。

そのためか、声帯ポリープの手術を受けた歌手は多い。声帯ポリープはプロの歌手の職業病と言われているが、最近では、カラオケの歌いすぎで素人でもなるというから、驚いてしまう。

声帯を使いすぎると、炎症を起こしてしまい、血液の循環が悪くなる。そうなっているのに、さらにのどを酷使していると、炎症がひどくなり、イボのように腫《は》れ上がってしまう。これがポリープの正体だ。

ただ、のどを使いすぎれば、誰でもが声帯にポリープができてしまうというわけではない。

歌手でもポリープにならない人がいることからも、それはわかるだろう。「気」の流れのいい人は血液の循環もよく、炎症も起こしにくいというわけだ。

声をよく使う職業の人や、カラオケが趣味という人は、「気」の流れをよくし、のどの細胞を元気にし、血液の循環が滞らないようにするといい。「気」の流れをよくする基本は呼吸法だ。

呼吸法にはいろいろな方法があるが、誰にでも簡単にマスターできる方法をご紹介しよう。

【寝ながらする呼吸法】

これは、健康な赤ちゃんが寝ながらしている呼吸法だと思えばいい。

①まず、横になって、大きく息を吐く。あくまでも、自然に。吐くときは、口から息を吐く。

②息を吐き終わると、人間は自然に息を吸い込んでいる。吸うときは鼻で吸う。このとき、息を吸っているのだ、という意識をしないように。

初めのうちは気がつかないだろうが、これを繰り返しているうちに、だんだんおなかが上下するようになる。最近の日本人は、肺の半分でしか呼吸をしていないという指摘もある。

自然な呼吸ができるようになると、胸いっぱい息を吸い込み、吐き出すようになる。正しい腹式呼吸ができるようになると、肺にいっぱい空気を送り込むようになるため、横隔膜《おうかくまく》が引き上げられ、おなかが引っ込むのである。
③自然な呼吸ができるようになったら、自分が呼吸する「息」を聴くようにする。これを「聴息」という。
ただし、全神経を耳に集めて聴くというのではなく、自然に、自分の呼吸を続けるのである。

呼吸が乱れたり、不調和があっても、意識的に調整しようとしないで、あくまでも自然な呼吸を続ける。

こうしているうちに、雑念が消えていき、「気」がおなかに集まってくる。

十分注意をしていると、おなかのあたりがほのかに温まってくるように感じる場合もあるだろう。

寝ながらする呼吸法

❶
横になり、大きく息を吐く。
吐くときは、口から自然に。

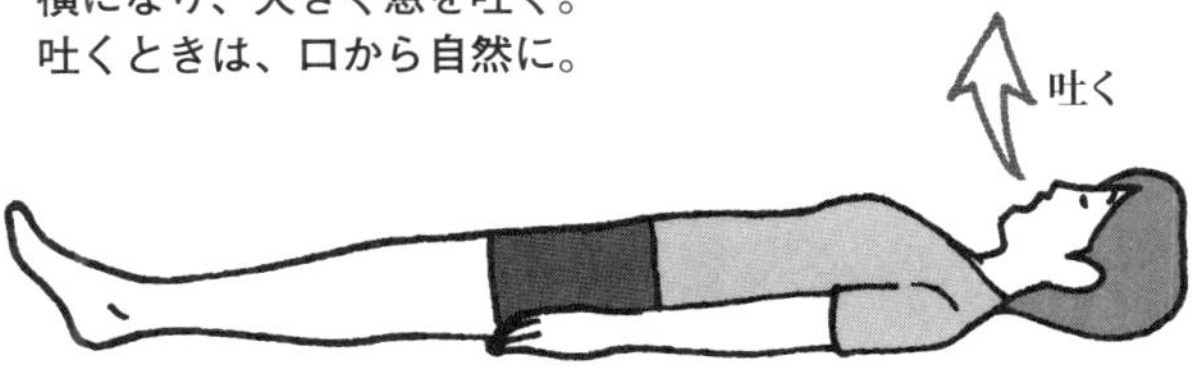

❷
吐き終わったら、
鼻から自然に息を吸う。

「盗気」は気力を充電させるテクニック

「気」が強いかどうかは生来のもので、生まれつき弱く生まれてしまった人間はあきらめるほかはないと思うかもしれない。

しかし「気」というのは人と人、おたがいの間を流れていくのである。実は、その「気」の流れを利用して、自分の「気」を強める方法がある。これは、他人の「気」を盗むところから、「盗気」と言われる。

中国では古来、房中術《ぼうちゅうじゅつ》が伝えられている。

皇帝などが若い女性をはべらせ、セックスをすることによって、若い女性にみなぎる「気」を盗んで、皇帝の「気」がいつまでも衰えることがないようにするという方法である。

昔の皇帝は、まさに国の運命を一手に握っていた。皇帝自身が国家自身だったとも言える。

その皇帝の「気」が衰えたり、老いてしまって「気」が弱まったりしてしまったら、国家の勢力まで衰えてしまう。

それを防ぐために、「盗気」の技術を応用し、皇帝が一日の政務を終えて帰るプライベートスペースには数多くの若い女性を配しておいた。

いつでもお気に入りの女性を選んで夜を共にし、皇帝は相手になった女性の若い「気」を「盗み」、再び翌日からの政務に、みなぎった「気」で取り組むことができるようにしたのである。

江戸時代の大奥も、この房中術のアイディアを盗用したものである。

数多くの女性がはべる大奥は、将軍の「愛人バンク」そのものではないかと眉《まゆ》をひそめる人もあるようだが、とんでもない。そこには知らず知らず「盗気」のテクニックが生かされていた。

もっとも、跡継ぎがない場合はお家断絶が決まりだったから、将軍家に限らず、大名の第一の仕事は男の子を作ることだった。

当時は、赤ん坊の生育率はとても低く、五人生まれて、そのうち二人育てばいいという時代だった。

そこで、できるだけたくさんの男子を作っておかなければならない。跡継ぎ製造工場のような大奥が、一方で「気」の衰えを補う場にもなっていたのだ。一挙両得とはこのことではないかと言いたくなる。

「英雄色を好む」という言葉もあるくらいで、洋の東西を問わず、人の上に君臨するような人間は、精力絶倫で、かたっぱしから若い女性に手をつけているというイメージがある。

たしかに、英雄になるような人は生来、「気」がみなぎっている人が多いことも事実だが、同時に若い女性の「気」を盗み、いつまでも「気」が衰えないようにしていたという一面を見逃してはいけない。

ところで、「盗気」の相手は、女性とは限らない。テレビ界でいちばんの「盗気」の名人は、明石家さんまさんだろう。

彼の場合は話の聞き方がとくに熱心なのである。「うんうん、ほうほう」と大きく相槌《あいづち》を打ちながら、相手の話に聞き入る。そして時々、大きな声で、相手とともに「ヒャー、ハハハハッ」と笑う。

「気」学で言えば、相手の話に深く同調したり、相手と声を合わせて笑ったりした時ほど、相手の「気」が自分に流れ込みやすいのである。

明石家さんまさんは、知らず知らず、「盗気」のテクニックで、相手の「気」を自分のものにしていたことになる。

もし、あなたがなんとなくノリが悪い日があったら、友だちのうちでいちばん声が大きく、陽気なヤツを誘って飲みに行くといい。

一晩とことん飲み合っているうちに「盗気」によって、相手の「気」があなたに乗り移ってくる。

翌朝は、前日までの不調がウソみたいに腹の底から力が湧《わ》いてくるような実感があるはずだ。

男の更年期とやらで、元気がなくなったら、若い女の子を誘ってカラオケに行くこともおすすめだ。歌ったり飲んだりしながら若い気をもらえるのだから、こんなうれしいことはない。

「気」は天下の回りもの

私が「盗気」の話をすると、「気」をお金と同じようなものだと感じてしまうらしく、使えば減ってしまうと考える人も少なくない。

世のため、人のために「気」を使ってしまい、最後は自分の「気」が減ってしまい、人間としてさまざまな力が弱くなってしまうなら、なるべく人のために「気」は使いたくない。なかには、こんな考え方をする人もいる。

だが、安心してほしい。「気」は使ったからといって減ってしまうという性質のものではないのである。

ちょうど植物が空気中の炭酸ガスを取り入れ、光合成を行った結果、酸素を空中に放散するように、「気」も出した分だけ新しい「気」を取り入れるのだ。「気」がどんどん減っていってしまい、しまいにはゼロになってしまうというようなことはありえない。

「気」は自然界に満ち満ちている。

それを取り入れたり、使ったり、言ってみれば、金と同じように天下の回りものなのである。

「気」は人間の存在の根源にある、ある種のエネルギーなのである。だから、人間は「気」がゼロになったら、生きてはいられない。

自己防衛本能がある限り、「気」がすべて体内から出ていってしまうことはないし、自分にとって必要なレベルより低下してくれば人は本能的に「気」を補おうとするはずなのだ。つまり、「気」を使うことにためらいや迷いはまったく不必要だと考えていてほしい。

競馬界のレジェンド・武豊騎手は、一九八七年のデビューから長きにわたって活躍を続けている。

その秘訣は、負け勝負からの立ち直り方にあったという。

「最初のうちは、僕も普通の人間だから、負けると落ち込んでしまってね。とくに、人気の高い馬で、多くのお客さまの期待を一身に背負って走って負けた日は申し訳なくって、もう、再起不能だと叫びたいぐらい沈み込んでしまったものです。僕を負かした騎手の顔なんか見るのもいやだったくらいで。

でも、ある日のこと。競馬って、一八頭走っても、勝つのは一頭だけ。負けにこだわっていたのでは、仕事にならない、と気がついた。それからは、鼻差で負けた騎手なんかを誘って、飲みに行くようにしたんです。そのかわり、今日はお前のおごりだ、と言っておごらせちゃいます」

こうして、負け気分をその日のうちに払ってしまう。

同時に、武さんは、それと意識しないままに、勝った騎手の「気」を盗み取っていたことになる。

こうして、天下の回りものの「気」を、自分のほうに回ってくるように引き寄せたのである。

あなたも、落ち込んでいるひまがあったら、武さんのように、「気」のパワーを自分のほうに引き寄せる努力をしたほうがいい。

「気疲れ」を簡単に治す

具体的にどこが疲れた、というわけではないのに、なんとなく「やる気」がなくなってしまい、つい、だらしなく時間をすごしてしまう、ということがある。

あるいは朝、起きる気がしなかったり、起きたあともいつまでもだらだらとパジャマを着たままですごし、ちっともエンジンがかからないということもあるだろう。

神経がくたびれきっている、と感じることもあるかもしれない。

若い男性なのに朝、勃起しないのは、かなり重症だと自覚したほうがいい。

そのままで出勤しても、いかにも「やる気」のない人間に見られてしまい、かえって損をしかねない。

こういう状態を、道家では「気疲れ」と言っている。「気疲れ」を取るには、「開脇《かいきょう》」という方法が効果がある。

「開脇」という名からもわかるように、体の脇部にたまっている、しつこい邪気を「開き散ずる」という意味だ。そんなに働いたわけではないのに、深い疲労感を覚えたり、全身がだるい場合に適している。糖尿、リウマチ、肝臓疲労、貧血、筋無力症、脚気《かっけ》などにも効果がある。

やり方は以下のとおりである。

①盤坐《ばんざ》をする（椅子《いす》に腰かけてでもできる）。目は閉じる。両手で後頭部を抱え、鼻から息を吸う。

②頭をゆっくり、力いっぱい後ろへそらせる。頭をそらしながら、口からゆっくりと、体内の汚れた「気」を吐き出す。

③吐き終わったら、今度は頭を前方へ曲げる。この動作に合わせて、呼吸はゆっくりと宇宙の清澄《せいちょう》な空気を鼻から体いっぱい吸い込む。

前後に曲げるのを一回と数えて、五〜六回やると、効果が実感できる。

気疲れを治す

ストレス性の病気は、「気」の得意技

現代人は、ストレスの固まりだ。

糖尿病、高血圧、くも膜下出血などの成人病も、ほとんどはストレス性のものだ。直接的には内臓の機能障害や血管にコレステロールが沈着することなどが原因で起こるのだが、ストレス過多になると、実際に発病の引き金を引いてしまうのである。

一般的に、ストレスは外部から受けるものだと思っている方も多いだろうが、それは間違いだ。

ストレスの大部分は、自分自身で原因を作っているのである。

こうしたストレスというのは、こだわりから生まれる緊張感だ。よくリラックスと言うが、緊張感をゆるめ、余裕を持つようにすれば、たいていのことは受け流せるようになり、ストレスはたまらない。「柳に風」で受け流すのが、最も有効なストレス対策なのである。

たとえば、嫌いな人と仕事をしなければならない羽目におちいったとしても、嫌いということを意識しすぎなければ、相手にも緊張感が伝わらず、たいていうまくいくはずだ。

相手があなたを嫌っている場合も、「のれんに腕押し」と思い、相手の角ばった態度を気にしないでいれば、争うこともなくなってしまう。

「気」の本質を知ると、こうした生き方ができるようになるから、ストレスはまったくと言ってもいいほど感じない日々になるわけだ。

「不得意な仕事をしなければならない場合はどうしたらいいのでしょうか」

といった質問もよく受ける。

基本的には、人間関係も仕事も同じ理屈だから、嫌いな人だとか、不得意な仕事だといった意識をなくすようにすればいい。

なぜ、嫌いなのか、なぜ、不得意なのか。理由は単純だ。あなた自身がかたよった価値観を持っているからなのだ。

ものごとにはなんでも両面がある。

嫌いな人の短所はひっくり返せば、必ず長所になるはずだ。不得意な仕事だと決めつけてしまう前に、その仕事の中にあなたが得意だとする要素を発見すればいいではないか。

嫌いだ、不得意だと意識し、いらいらして仕事に向かえば、肩に力が入り、心に余裕がなくなってしまう。

心に余裕がなくなれば、気の流れが悪くなり、肩こりに悩んだり、腰痛になったりしてしまうのだ。

慢性の腰痛も、「気」の行法を続ければウソのように治る

現代の日本人は、歩くことが少なくなったためか、腰痛の悩みを抱えている人も少なくない。私のところにやってきた銀行員のAさんも、長年、腰痛に悩み、整形外科で腰の牽引《けんいん》や赤外線治療を受けたり、整体術に通ったりしているのだが、なかなか好転しないのだという。

病院に通っているのか、と聞くと、「もちろんです」と言う。病院での病名は腰痛症だというので、思わず笑ってしまった。レントゲンを撮るなど大騒ぎしても、腰痛症という病名をつけるだけ。まさに現代の西洋医学の限界を示している好例だと言えるだろう。

腰痛の原因には、大きく分けて三つある。一つは、脊椎分離症《せきつい》。もう一つは、がんの転移などによる腰痛。三つめは、脊椎の周囲を取り巻いている筋肉や靭帯《じんたい》が損傷したり、炎症を起こしたりして、それに神経が触れるために起こる腰痛の三種類だ。ギ

ックリ腰はこの三つめに入る。この三つめの腰痛は、とくに「気」の流れと関係が深く、「気」の流れを調整すれば、たいていすっきりと改善する。

腰痛を改善するには次のようにするといい（一見、体操とよく似ているが、呼吸法と一致させてやるのがポイントである）。

①まず、直立して、鼻から息を吸い込む。続いて、口から息を吐きながら、手は垂《た》らしたまま、静かに上体を前方に曲げる。おなかから二つ折りにする感じでやる。②曲げられるところまで上体を倒したら、口を閉じ、息を吸いながら、直立姿勢に戻る。このとき、垂らした手が床につかなくても、上体をバウンドさせたり、ひざを曲げないこと。

初めのうちは、無理に手を床につけようとしなくていい。これを続けているうちに自然に手が床につくようになってくる。そして、そうなったころには、腰痛は消えているはずだ。

腰痛を改善する
❶
直立の姿勢で
鼻から息を吸
い込む。
吸う
❷
静かに口から息を
吐きながら、ひざ
を曲げずに上体を
前方に曲げていく。
吐く
❸
曲げられるところまで上
体を倒したら、口を閉じ
て鼻から息を吸いながら、
直立の姿勢に戻す。
吸う

「気」でスッキリやせる

現代人を悩ませる「病気でない病気」が肥満である。プロレスラーか力士のような肥満でなければ、医師は肥満とは言わないようだが、健康的に考えれば、多少の肥満はすでに要注意だ。

なぜなら、一度、太り始めるとエスカレートしていきやすいし、いったん太ってしまうと、もとの体型に戻すにはたいへんな努力が必要だからである。

肥満にいたる要因には、たいていの場合、精神的なものが隠されている場合が多いようだ。

幸せ太りという言葉があるが、これは、ほとんどの場合、不規則な生活をしていた人が新婚生活を始めると規則正しい食生活になると同時に、新妻の手料理がおいしくて、ついつい食べすぎてしまったり、結婚退職した女性の場合はＯＬ生活から解放されて、ひまになったりしたから太ったというケース。

地に足のついた生活をするようになれば、体型も安定するはずだから、そんなに心配はいらない。

それより困るのは不幸せ太りだ。ストレスや孤独地獄、失恋などのショックから太り出す場合である。人間、落ち込むとまったく食欲がなくなってしまうものだが、口さみしさから、ついつい口当たりのいい甘いものやスナック菓子などに手を出すようになってしまうこともある。

あなたは、スナック菓子のエネルギーをよく知っているだろうか。スナック菓子は一袋でだいたい四五〇～五〇〇キロカロリー、ラーメン一杯ぐらいのカロリーがあることを見逃してはいけない。

「気」の修行を積むと、ストレスが解消するばかりか、体内の「気」の流れが改善されていき、新陳代謝もよくなるので、皮下脂肪の代謝が進み、だんだんやせてくるのである。

Kさんは私のところにやってきたとき、七二キロという、かなりの肥満だった。二七歳の適齢期真っ只中の女性にとって、この体重はかなり悲劇的なものだったと言ってもいいだろう。

もちろん、Kさんはこれまでもさまざまなダイエットを試してきたらしいが、結果はリバウンド現象といって、いったんはやせても、また、元どおりに戻ってしまうという繰り返しだった。

私は、Kさんを指導し、これまでに紹介してきたような「気」の健康法を、朝、晩必ず実行するようにとアドバイスした。すると、三か月で一五キロも減量でき、それからも朝、晩やっているので、これまでのようにリバウンドしない。

「やせたばかりか、ものごとを明るく考えられるようになったんです。〝気〟の健康法をやると、気分がすっきりしていることに気づいたんです。心と体は一つだと言いますが、本当にそうだな、と実感しています」

Hさんは高校生のとき、六八キロもあったという。当時を振り返っても、まるでブタのように食べたらしい。

飲食の量はすさまじく多く、ジュースは一リットルをいっぺんに、アイスクリームは五〇〇ml入りを全部。ポテトチップスも一度に一袋。ご飯はどんぶり二杯……という具合だったという。

そこで、人にすすめられて「気」の健康法を身につけたのだが、始めて一年ほどで四七キロと、二〇キロ以上の減量に成功した。

その後、幸福な結婚をし、二人の子どもを出産したが、多少ふくよかになったといっても、五〇キロ弱。

「私は小さいときから気が強く、わがままだったので、人とぶつかり合うことも多かったんです。

その結果、過食に走って、自分をごまかしてきたんですね。〝気〟のことを知ってからはまず、性格が変わって、人とぶつかることがなくなったんです。もし、ぶつかってしまった場合も、私のほうから相手の立場を受け入れて、人とうまく付き合えるように変わりました。

すると、以前のように、むやみに食べなくても平気になってきたんです。〝気〟の健康法に出会っていなければ、今も二〇キロの贅肉《ぜいにく》を背負って、不平不満の世界に生きていたのかと思うとゾッとします」

やせたい人は、ぜひ「気」の健康法を試してみてほしい。

自然の「気」を取り入れると、大ケガからも回復できる

かつて、タレントのビートたけしさんがテレビに出ているのを見て、相当「気」が滞っているな、と思ったことがあった。

片側の肩をやたら上げたり、目をしばたたいたりする。しかも、いつもなんとなく気ぜわしく、やや早口だ。

もちろん、たんなる癖《くせ》にすぎないのだろうが、こうした癖には、たいてい「気」の滞りが隠されていることが少なくないのだ。

すると、案の定、一九九四年の夏、バイクで転倒してしまった。一時は再起不能がささやかれるほどの大ケガだった。

だが、たけしさんは、事故後、一年もしないうちに、ほぼ完璧《かんぺき》に回復して、周囲を驚かせている。

これほどにまでリハビリが成功したのは、自然の豊かなオーストラリアでリハビリ

をしていたから、という理由も大きいだろう。

「気」はこの大宇宙のあらゆるものに存在している。

ところが、現代の都市は、鉄筋コンクリートのビルが立ち並び、せっかくの「気」をさえぎって暮らしているのだ。

とくに、「気」のパワーを強く秘めているのは、生命力の強い植物である。

森林浴をご存じだろうか。

欧米では昔から、軽い病気やストレスは、森や林の中を散策するだけで治ってしまうといい、経験的に森林浴を、自然療法として取り入れてきた。森のように、植物の茂った中で大地に横たわり、しばらく時間をすごしていると、体にかすかな火照《ほて》りがあることに気づくだろう。それは、大地の気を吸い取って、心身の「気」が高まってきた証拠なのである。

森林や野山には心地よい音もある。

せせらぎ、木の葉のささやき、林のざわめき、そして風のそよぎ。こうした自然の音の中には、人間の耳には聞こえないが特有の低周波音が含まれており、この低周波音が「気」を高める効果を持っている。

実は、人間の皮膚も同じように二〇キロヘルツ以下の低周波で振動しており、自然の音の低周波と共鳴しているのである。

最近の科学的な研究でも、自然と人間の周波が共鳴すると、「気」が出やすくなることが、証明されている。

この周波を「f分の1ゆらぎ」といい、扇風機などにも「f分の1ゆらぎ」を取り入れたものが開発されている。

自然の音のCDやテープも発売されているが、森や林の中で、自然に聞いた音のほうがずっと効果は高い。テープなどでは、二〇キロヘルツ以下の音の再生は難しく、自然の音そのままの効果は期待できないわけだ。

ビートたけしさんがオーストラリアでリハビリを続けたのは、

「マスコミから姿を隠したい」

という動機のほうが強かったに違いない。

だが、結果的にはオーストラリアの豊富な自然から発する豊かで強烈な「気」を思う存分吸収することになり、「気」のパワーが驚異的な回復をもたらしたに違いないのだ。

目に「気」のパワーをよみがえらせる

テレビでいろいろな番組を見ていると、その中に、やたらまばたきの多い人がいる。目にゴミでも入っているのかと、こちらが気になるくらい、やたらにパチパチやっている。

これは、非常に神経の細かい人の特徴である。

実は、この癖のある人は、そのまま放っておくと、視線恐怖症になりやすい。

以前、就職したての若い女性が、この癖が原因で視線恐怖症になってしまったことがある。同僚がこの癖を見てクスクスと笑い出したからである。

ふだんからこの癖を気にしていた彼女は、その日から、会社の人ばかりでなく、周囲の人全部が自分を見ていると思い込み、なんとなく人と視線が合わせられなくなったのである。

そんなことで私のところに相談に来たのだが、とてもチャーミングで活動的なお嬢さんだった。

注意して見ると、人の顔を見ないで、そっぽを向いて話している。相手の顔を見ずに話す人は、視線恐怖症になりやすいのである。

そこで、彼女に「鏡の中の自分の顔を見つめること。毎日やりなさい」と教えた。

彼女は私の言ったとおりに続け、しばらくすると、すっかり人の視線が気にならなくなった。人生で成功を勝ち取るためには、このように目に「気」の力を十分につけたいものだ。

【鏡を見つめる行法】

①朝と晩に三分間ずつ、鏡の前に行き、鏡に映った自分の顔を見つめるようにする。毎日見ることが大切。人の顔をまともに見ることができないという人でも、自分の顔ならきちんと見ていられるはずだ。

慣れないうちは、自分の額《ひたい》を見るようにするといい。それから自分の目を見つめるようにすれば、どんな強い視線恐怖症でも、二週間ほどでよくなる。

鏡を見つめる行法

慣れないうちは、自分の額《ひたい》を見るようにするといい。それから自分の目を見つめるようにする。毎日見ることが大切。

あなたの「気」の流れの質を見抜く

「気」の医学では、その人をサッと見ただけで心身の調子をズバリ見抜ける。これは一般に人にはなかなか説明しにくい。

そこで、誰にでもわかりやすい見分け方を教えたい。

これは人間の体型からその人の体質や内臓の様子、さらには心の動き、性格を知る法である。その一部をここで紹介してみたい。それは、次のように体型を九つの型に分けて考えていくものだ。

【①大柄な体型は派手好み】

体が大きい人の場合、内臓はいびつについている。心臓が大きくてゆがみ、肺はつり上がり、腎臓は下がっているという具合で、内臓は全般にもろい。

胃や腸の許容量が大きいので、いくらでも食べたがるような、いやしい性格になりやすい。
バイキング料理を食べに行ったときや立食パーティーなどでは、人と話をするより、とにかくパクパクと食べ続けていなくては気がすまない。そのため、消化器系の病気を起こすことも当然多くなる。
こうした内臓の様子が性格にも反映し、遊びを好み、ぜいたくに飾りたてることが好きになる。つまり、働くことを好まないようだ。そのくせ、集団の中では人の上に立って人を支配しようとする気持ちが強い。目上の人間にはぺこぺこした態度をとり、目下に対してはバカにする。他人にはいい顔をするが誠実さがないため、やがて人気がなくなってくるタイプと言える。必ずしも大きいことはいいことだとは言えない典型である。

【②小柄な体型は感情が変化しやすい】

小柄の人を小身の人と言う。まさに字のごとく、体が小さい人のことだ。背が低く、横幅も狭く、頭も小さく、手足が細く短い。内臓がみな小さく、しかももろいと言われる。そのために寒さ暑さに体がうまく適応できず、体調を崩《くず》しやすい。

体の小さいのと比例して、臆病でケチなのも特徴である。

とにかく内臓がもろいので、感情の動きが激しい傾向がある。急に泣いたり驚いたりし、いったん怒り出すと、恥も外聞もなくなってしまう。酒を飲んでも体があまり受け入れないので、酒乱になることが多い。また、セックスも乱暴で、ハレンチな行為も平気でするようになる。

仕事でも、つまらないことでとり返しのつかぬ大きなミスをしやすいから、要注意である。

【③長身体型は活動力抜群】

長身とは、かなり背が高く、横幅が細く、手足が長い人を言う。こういう人は内臓が細長い。つまりタテ方向にかたよっているわけだ。そのため、気持ちが間のびして偏狭になりがちで、いろいろと思慮に欠ける面がある。仕事もよくさぼる。

感情の起伏が激しく、急に怒り出して、暴力をふるうこともある。

しかし、内臓はしっかりついているので、病気には冒されにくい。その半面、いったん病気になった場合は、人一倍苦しむことになる。

このタイプの人は活動力に富み、じっとしていられない。というのも、肝臓と胆嚢《たんのう》の「気」が強いからだ。ただし、腎臓は弱い。また、無意識のうちに物を高いところに置きたがるというのも面白い特徴だ。

いったんビジネスに熱中すると、食事もとらずに突進しがち。マイペースを守り、自己管理をしっかりする必要がある。

【④短身体型は病気になりにくい】

長身の人とは逆に、人並み以上に背が低く、横に広く、胴が寸詰まりが短身タイプである。手足や指は短く太く、怒り肩で腰まわりががっちりしているが、内臓も短く詰まって、横に広くついている。

ただし、内臓が短く詰まっているから、自然に腹の内に、がっちりついているようになる。そのため「気」の流れが安定し、情緒も安定し、考え方も周囲に流されず、しっかりしている。

遊びは好まず、仕事も手堅い。もちろん、やたらセックスに溺《おぼ》れることもない。内臓がしっかりしているので、内からも外からも病気にかかりにくく、たとえかかってもすぐよくなるタイプだ。

ビジネスパートナーにはもってこいと言えるだろう。ただ、手堅すぎるのがアダになることもあるので注意したい。

【⑤肥満体型は「気」の循環がよくない】

太っている状態は、その人の骨格に対してアンバランスなほど肉が多く、しかも水分も多く、ぶよぶよと引き締まっていない。たとえ肉が多くても、引き締まっていて水分が少ない場合は、肥満とは言えない。

肥満者は、「気」の循環が滞るため、飲食物や分泌液が体内にたまりがちになり、肉にしみ出てくるのである。このため肉がぶよぶよと水っぽくなるというわけだ。

内臓はうるおいすぎ、柔らかすぎて締まりがない。体内の「気」の流れがうまくいかず、喘息《ぜんそく》気味である。

また、「気」の流れが悪いので、言葉がスムーズに出ないことも少なくない。ビジネスでも先手をかけられない。

酒を飲むと度を越しやすいのも、このタイプの特徴である。

「気」の流れに問題があるため、病気にかかると治りにくいので、日ごろからの健康管理が重要になる。

⑥やせた体型は軽薄になりやすい

体全体に肉がなく、骨が浮かんで見え、血管（静脈）が体表に太くあらわれているのが、この型である。肋骨《ろっこつ》が見え、手足の骨もゴツゴツした感じで、骨が高く、横幅がなく、手足が細長い。これは内臓が小ぢんまりと固く、水分不足のままについているからだ。内臓はみな乾燥気味で水分が少ない。

内臓が小さく乾《かわ》いているため、「気」の動きも小さく、喜んだり悲しんだり、愛したりの感情に乏しい。そして逆に怒りっぽく、驚きやすくなっている。全体に感情が先走り、理性に欠ける軽薄なところがあるため、ビジネスや人間関係で信用を失い、損ばかりしやすい。

やせているわりには大食いで、また、酸味の食物を好む体質でもあり、熱病にかかりやすい。しかし、たいへん健脚な人である。

【⑦細身体型はストレスに負けやすい】

体が細長い人は、内臓がもろい。体型が人並みはずれて細長く、顔も手足も細く長い人は内臓も細長く、もろくついている。

これは母親が妊娠中にいつも辛《から》い物を食べすぎたため、胎内の子が温度の高い「気」によって体が作られたことと、出産のときに泣きわめいて、なんとか生まれたので、内臓も体型も細長くなったと言われる。

温度の高い「気」が過剰というのは内臓が弱いことを意味する。そのため、いつも病気がちで、外からの暑さ、寒さ、乾燥、湿気、風などのストレスにも弱い。

また、人間関係でも失敗することが多く、交渉ごとでトラブルが多い。チームワークを組んでやる仕事より、個人の仕事やマイペースでできる仕事向きと言える。

また、性欲は弱いが、セックスをしなくとも、遺精や夢精をする。

【⑧横広体型は情緒が不安定】

背はそうとう低いが、横幅が広く、腹や背中が平たく脇が薄い人を横広型と言う。頭は偏平《へんぺい》で横に広く、手足は短く、胴体だけがとくに横広がりになっているのだ。

このタイプの人は、内臓も横に広く、もろい。これは母親が妊娠中に腹帯を強く締めすぎたり、身をかがめて作業をしたりして胎児の成長過程で横に平たくなったことが原因している。

内臓が横に平らでもろいから、荷物を背負う力が弱く、体がグラグラしていて倒れそうである。

これは感情の面にもあらわれ、情緒的にもグラグラしていてしっかりしていない。騙《だま》されやすく、喜びやすい。「気」の流れにムラがあるわけだ。

このタイプの人はセックスに夢中になると、恥も病気も気にせず一直線に走る傾向がある。

男性の場合、居候《いそうろう》やヒモのような生活をしても恥とは思わない。また、酒はたいへん好きで強く、限度を知らない。

ビジネスはムラ気があり、調子のいいときと不調のときのギャップが大きすぎる。だから、相手はとまどったり、信用問題にかかわったりすることさえもある。できるだけ「気」の流れをスムーズに保つことが大切だ。

【⑨中身体型は「気」の流れが安定している】

これは、いわゆる中肉中背で均整のとれた体型のことだ。この人は内臓の状態がよく、位置にかたよりがない。身長、横幅ともにバランスがとれている。手足の長さや頭の大きさにもつり合いがとれていて、動きにムダがない。

このタイプの人は「気」の流れがスムーズだから、もちろん「気」の勢いも強い。そのためセックスや酒やギャンブルにも節度を保ち、溺れることはない。働くことが好きで、食べることにも無茶をしないので、大病をすることもない。

知性にも恵まれ、人から信用されるようになり、ビジネスでも成功をおさめる。とはいえ、出世を強く望むタイプではないし、出世しないからといって悲しんだりもしない。すぐれた人格を持ち、たいへん安心できるタイプと言える。判断力もたしかだ。

この体型による分類は、人を見抜くだけでなく、あなた自身を考えるヒントでもある。もし思い当たる弱点があれば、このさい、ぜひ矯正《きょうせい》してほしいものだ。

監修の言葉

みなさん、「道」TAOってご存じでしょうか。

「道」TAOとは、古代中国の人が人間を取り巻く環境、星の運行や天地自然の変化などを観察して発見した「宇宙の原理原則」です。地球上のすべての存在は、人間も含めてみな、この「道」TAOによって生かされているのです。

そして、この本のタイトルに含まれ、テーマとなっている「気」とは、この「道」TAOを運行するエネルギーのようなものです。

ですから、人間もこの「道」TAOの法則に沿って、その「気」の流れに乗って生きるのが最も健康的で幸せな生き方と言えます。

この本の著者である早島天來（筆名・正雄、道号・天來宗師）は、この古代中国に生まれた天地自然の気に調和して生かされる「道」TAOの思想と「気」の健康法を、現代日本に甦《よみがえ》らせたタオイストです。

その功績によって、本場中国の道教協会や研究者をはじめとして、世界のタオイストの間で非常に高く評価されています。

また、国内では道家道学院という、一般の方が誰でも入学でき、心と体が健康になるための「気」のトレーニングを学べる学校を設立しました。そして子どもからお年寄りまで、楽しく豊かに生きるために、「道」TAOの生き方をわかりやすく温かく指導しました。「気」を味方にして自分を生かし、生涯現役で生きる秘訣を教えてくださった、まさに「気」の大家と言えるのです。

天來宗師は一九九九年（平成一一年）に登仙《とうせん》されましたが、天來宗師が一生をかけて学び、伝えられた「道」TAOの真髄は、今も多くの書籍で読まれ、道家道学院に通う方々に学ばれています。

天來宗師は高知城造営の祖である大高坂《おおたかさか》家の嫡流《ちゃくりゅう》として生まれました。ですが、仲のよかった父親同士の約束によって、生後間もなく早島家の養子となり、長男として成長したのです。

その早島の父は、人助けのために手を当てて「気」で病気を治していました。その様子を子どものころに見ていた天來宗師は、「なんて不思議なことがあるものだろう」と興味を持ちました。

そしてまた、自分自身も誰に教わらなくても人の病気を治す天才的な才能を持っていました。それは、天來宗師に生まれながらに備わった、大高坂家の血だったのでしょうか。

子どものころから武術に秀《ひい》でた天來宗師は、人を倒す殺法が武術であるとすれば、人を生かす法、活法をあわせて学ぶことが大切だと気づきました。

そして、人を生かす「道」TAOの世界にめぐりあったのです。

その後は、江戸時代の書物などもさらに研究し、修練を重ね、現代に生きる人にあわせて、「道」TAOの「気」の医学である「導引《どういん》」を「導引術」として体系化し、「気」の武術の「動功術《どうこうじゅつ》」とあわせて指導するようになりました。

天來宗師の教えの根本は無為自然《むいしぜん》の「気」です。「気」を自分でコントロールし、「気の流れ」を自分のものにできるかどうかが、人生の「運」を引き寄せ、幸せに導くカギになるでしょう。

本書は、もとは『運を呼びこむ「気」のパワー』というタイトルで出版されたものでしたが、内容の一部を現在の事情に合わせて私が加筆修正し、新たに『強運を招く「気」のスーパーパワー』として刊行することになりました。

読者のみなさまがこの本を開かれることで、幸せな明日への扉を開くきっかけとなりますよう祈っています。

早島妙聴

二〇一九年一月

老子・TAOの無為自然の生き方・気のトレーニングを学ぶ

道家〈道〉学院のご案内

TAO ACADEMY

全国のお問い合わせ、資料請求・ご予約は

道家〈道〉学院事務局

フリーダイヤル 0120-64-6140《老子無為自然 ろうし むいしぜん》

本校 東京〈道〉学院	〒151-0053 東京都渋谷区代々木4-1-5 コスモ参宮橋ビル2・3・4F（受付2F） ☎03-3370-7701　http://www.dougakuin.jp
札幌〈道〉学院	〒060-0061 北海道札幌市中央区南1条西11丁目1番地 コンチネンタルWEST.Nビル2F ☎011-252-2064　http://sapporo-dokan.jp
いわき〈道〉学院	〒971-8183 福島県いわき市泉町下川字萱手79 道家〈道〉学院総本部内 ☎0246-56-1400　http://iwaki-dokan.jp
埼玉〈道〉学院	〒330-0062 埼玉県さいたま市浦和区仲町2-10-15 LAPUTA V 5F ☎048-827-3888　http://saitama-dokan.jp
関西本校 大阪〈道〉学院	〒530-0051 大阪府大阪市北区太融寺町8-8 日進ビル4F ☎06-6361-0054　http://osaka-dokan.jp
九州本校 福岡〈道〉学院	〒812-0011 福岡県福岡市博多区博多駅前3-18-28 福岡Zビル3F ☎092-461-0038　http://fukuoka-dokan.jp
鹿児島〈道〉学院	〒892-0848 鹿児島県鹿児島市平之町9-33 牧野ビル4階 ☎099-239-9292　http://kagoshima-dokan.jp
英彦山道場	〒838-1601 福岡県朝倉郡東峰村大字小石原字上原1360番地4 ☎092-461-0038　★東峰村は、旧英彦山神領域

中国本部　TAO ACADEMY International 北京

北京市朝阳区东四环中路41号　嘉泰国际大厦A座1900室
☎010-8571-1894　FAX：010-8571-1893

TAO ACADEMY International

Cosmo-Sangubashi-Bldg. 2F　4-1-5 Yoyogi, Shibuya-ku,Tokyo 151-0053
☎03-3370-7601　FAX：03-3370-7834　http://www.nihondokan.co.jp/english/

道家〈道〉学院が運営するオフィシャルネットショップ

インターネット書店「早島BOOKSHOP」

http://www.nihondokan.co.jp/taoshop/book/

道家〈道〉学院 総本部	〒971-8183 福島県いわき市泉町下川字萱手79 ☎0246-56-1444

道家〈道〉学院オフィシャルサイト

道家〈道〉学院 TAO ACADEMY

地図はこちらでご覧いただけます

QRコード▶

http://www.dougakuin.jp

デザイン：二宮貴子（jam succa）
カバーイメージ：写真AC
本文イラスト：ひろしまじゅん
DTP：三協美術
制作協力：幸運社
編集協力：矢島規男　小倉優子　松本恵
編集：岩崎隆宏（廣済堂出版）

【著者略歴】

早島天來（はやしま・てんらい）筆名・早島正雄

日本道観初代道長、道家〈道〉学院創設者。1911年、高知県生まれ。日本で「導引《どういん》」を伝えてきた村上源氏の末裔《まつえい》。1960年、鎌倉に松武館を開設。中国五千年の健康法「導引」を現代人向けに集大成した早島正雄独自の「導引術」を完成し、普及活動を行う。1969年に台湾で導引を受け継ぐ道家龍門派伝的第十三代を允可《いんか》され、正式に道士となる。道教の最高機関・六十四代の嗣漢天師府首席顧問をつとめた。1980年、道家の教えを広める場として日本道観を設立。のちに、誰もが道家思想のタオイズムを学び、研鑽《けんさん》できる学校として、道家〈道〉学院を設立し、「導引術」の普及につとめた。『諸病源候論』の現代語訳などの専門書から、ベストセラーとなった『導引術入門』『運を呼びこむ「気」のパワー』『「気」の健康法』など著書は総数80冊を超える。そのわかりやすいTAO《タオ》普及の書籍は、海外でも人気となり、アジア各国に加えて英語・ドイツ語・スペイン語版なども発行された。1999年に仙境《せんきょう》に入るが、2017年に『定本老子道徳経の読み方』中国語版が人民出版社より出版されるなど、TAO本場の中国でも早島天來のTAO普及活動は高く評価され、今もなお注目されている。

【監修者略歴】

早島妙聴（はやしま・みょうちょう）

現・日本道観道長、道家〈道〉学院学長（ともに第三代）。一般財団法人日本タオイズム協会理事長。日蓮宗《にちれんしゅう》大仙山天來寺住職。世界医学気功学会副主席。日本道観初代道長・早島天來のもとで、35年来修行を重ねる。第二代道長・早島妙瑞を支え、2017年に道家龍門派伝的第十五代を継承。全国の道家〈道〉学院で講座を開催し、お年寄りから子どもにまで、わかりやすいタオイズムを指導し、健康で幸せな人生に生かすタオイズムの真髄を伝えている。中国道教協会をはじめ、世界の道士・研究者との交流を広く重ねる。タオイズムについての研究やその使命について、国際的に発表し、講演。貴重な導引医学、道教医学の歴史、発展についての研究、中国伝統医学やTAO哲学に関係する日本の江戸時代の漢籍の収集と研究、書籍出版等の活動を続ける。著書に『親子で学べる老子』『あなたを変える30の言葉』『人生を豊かに生きる30の言葉』『前向きに生きる！30の言葉』『三ヵ国語版 TAOと導引――人類の未来への役割』、解説に『タオの名言集　幸せになる100の言葉』（早島天來著）などがある。

＊本書は、1996年2月に日本文芸社より発行された早島正雄（天來）著
『運を呼びこむ「気」のパワー　人生を変える驚異の超能力』をもとに、
早島妙聴が一部加筆・修正するなど監修し、再構成したものです。
文中に登場する体験エピソードは、同書での時期表記のまま掲載しています。

強運を招く「気」のスーパーパワー
人間関係・仕事・お金・健康…驚異の力で人生を変える！

2019年2月15日 第1版第1刷
2019年3月25日 第1版第3刷

著　者　早島天來
監修者　早島妙聴
発行者　後藤高志
発行所　株式会社 廣済堂出版
〒101-0052　東京都千代田区神田小川町2-3-13 M&Cビル7F
電話　03-6703-0964（編集）
　　　03-6703-0962（販売）
FAX　03-6703-0963（販売）
振替　00180-0-164137
URL　http://www.kosaido-pub.co.jp

印刷所
製本所　株式会社 廣済堂

ISBN978-4-331-52212-7　C0095